Stollen, Glühwein, Weihnachtsplätzchen

Stollen, Glühwein, Weihnachtsplätzchen

Humorvolle Geschichten & Rezepte

benno

Bibliografische Information der Deutschen Nationalbibliothek
Die Deutsche Nationalbibliothek verzeichnet diese Publikation in der Deutschen Nationalbibliografie; detaillierte bibliografische Daten sind im Internet unter http://dnb.d-nb.de abrufbar.

Besuchen Sie uns im Internet:
www.st-benno.de

Gern informieren wir Sie unverbindlich und aktuell auch in unserem Newsletter zum Verlagsprogramm, zu Neuerscheinungen und Aktionen.
Einfach anmelden unter www.vivat.de.

ISBN 978-3-7462-6415-8

Zusammenstellung: Volker Bauch, Leipzig
Umschlaggestaltung:Ulrike Vetter, Leipzig
Covermotiv: stock.adobe.com/Veris Studio
Gesamtherstellung: Kontext, Lemsel (B)

Inhaltsverzeichnis

Dresdner Christstolle

TATEN

Zutaten (für 2 Stollen)	5 cl Rum
2 Vanilleschoten	1,2 kg Mehl
200 g Zucker	100 g Hefe
350 g Rosinen	400 ml lauwarme Milch
100 g geschälte und gehackte Mandeln	2 Eier, abgeriebene Schale von einer unbehandelten Zitrone
50 g Zitronat, in kleine Würfel geschnitten	1 Teelöffel Salz
100 g Orangeat, in kleine Würfel geschnitten	550 g weiche Butter

BEREITUNG

Vanilleschoten aufschlitzen, das Mark herausschaben und mit dem Zucker gut vermengen. Eine Hälfte des Vanillezuckers wird für den Teig verwendet, die andere Hälfte dient zur Bestreuung der Stolle.

Rosinen, Mandeln, Zitronat und Orangeat mit dem Raum übergießen und mehrere Stunden durchziehen lassen.

Etwas 1 kg Mehl in eine Schüssel sieben, mit einem Löffel eine Kuhle hineindrücken. Die Hefe zerbröseln und mit 150 ml Milch und eine Prise Zucker verrühren, dann in die Kuhle gießen. Mit etwas Mehl zu einem Vorteig verarbeiten. Den Vorteig an einem warmen Ort etwa 15 Minuten gehen lassen.

Die eine Hälfte des vorbereiteten Vanillezuckers, restliche Milch, Eier, Zitronenschale und Salz zum Vorteig geben und alles zu einem glatten Teig verkneten. Den Teig an einer warmen Stelle etwa 20 bis 30 Minuten gehen lassen.

Inzwischen 400g Butter mit dem restlichen Mehl verkneten. Die Masse unter den gegangenen Hefeteig arbeiten. Den Teig erneut an einem warmen Ort 15 Minuten gehen lassen. Den Teig halbieren. Jede Teighälfte zu einem Rechteck ausrollen. Dabei soll an den Kanten der Längsseiten ein Wulst entstehen, einer kleiner und einer größer. Die Kante mit dem kleineren Wulst über die andere Kante schlagen, sodass beide Wülste nebeneinander liegen. Die Konturen der Stollen leicht nachdrücken. Die Stollen auf ein gut gefettetes Backblech legen und mit einem Tuch bedeckt an einem warmen Ort nochmals eine Stunde gehen lassen.
Backofen auf 200 Grad vorheizen. Die Stollen auf der untersten Schiene etwa 60 Minuten backen. Falls die Stollen zu dunkel werden, zwischendurch mit etwas Alufolie oder Pergamentpapier abdecken.
Zum Bestreichen die restliche Butter zerlassen und die noch warmen Stellen damit von allen Seiten bepinseln. Mit dem restlichen Vanillezucker bestreuen.

Original Dresdner Christstolle

Wie der Name der sächsischen Backware besagt, sollte diese rosinendurchsetzte, duftende Köstlichkeit zum Christfest unter dem Weihnachtsbaum liegen und dann in weihnachtlicher Fest- und Feierstimmung gegessen werden. Unsere heutigen Gebräu-

che sind da anders. Schon im Oktober stapelt sich die Christstolle in den Lebensmittelabteilungen der Warenhäuser zu fast schon bedrohlichen Türmen. Wir haben kein Gespür mehr für Jahreszeiten und Feierkreise im Laufe der Monate. Da kann man auch gleich Ostereier am Fest der Heiligen Drei Könige verkaufen und die Martinsgans zu Fasching in den Ofen schieben sowie den Weihnachtsmann am Ersten Mai, dem internationalen Tag der Arbeit, auftreten lassen. Lassen wir dieses merkwürdige Kapitel unserer etwas durcheinandergeratenen Kulturgeschichte.
Wenden wir uns genau zum richtigen Termin, nämlich Weihnachten, dem Dresdner Edelgebäck zu, aber nicht ohne dabei ein wenig über dieses aufregende Fest der Geburt Christi nachzudenken. Mir fiel beim Nachdenken etwas auf: Wenn wir von Gottvater den Auftrag erhalten hätten, die Welt wieder in Ordnung zu bringen, hätten wir es ganz anders angefangen. Bei einem solchen gewaltigen Unternehmen wie der Erlösung des kompletten Kosmos hätte sich unser Herr von einer Public-Relations-Agentur beraten lassen sollen. Es ahnt doch kein Mensch, dass in einem schiefen Bretterschuppen bei Betlehem irgendetwas Aufregendes passiert Unser tapferer Kirchenchor singt in der Heilige Nacht das Transeamus. Da hört die in Andacht lauschende Gemeinde, dass Jesus „in praesepio“ gelegen habe, als die Hirten kamen: „positum in Praesepio“. So steht es beim Evangelisten

Lukas. Das klingt friedlich, sehr lieblich und gut. Aber es ist keineswegs lieblich. Denn das lateinische Wort praesepe heißt auf Deutsch Bretterverschlag und hat dazu noch in seiner Originalsprache einen verächtlichen Beiklang. Es kann nämlich auch heißen: liederliches Haus. Das hört sich überhaupt nicht gut an. Jesus ist nicht in einem gepflegten Rinderaufzuchtstall oder in einer hübschen Datsche geboren, sondern in einer zusammengeschusterte Bretterbude. Der griechische Originaltext des Neuen Testaments berichtet, Jesus habe in einer „Fatne" gelegen. Das ist laut griechischem Wörterbuch ein „ausgehöhlter, hölzerner Trog mit Fächern, worin den Pferden und dem Rindvieh das Futter vorgesetzt wird".

Alles in allem war das Ganze eine Krisensituation härtesten Ausmaßes. Was der Heiligen Familie dort als Verpflegung zur Verfügung stand, wird nicht viel gewesen sein. Sicher ist eins: Dresdner Christstolle gab es nicht. Niemand kann vermuten, in einem solchen armseligen Bretterverschlag und in einer solchen notvollen Situation werde zwischen einem Ochsen und einem Esel Heilsgeschichte gemacht, Weltgeschichte vom Kopf auf die Füße gestellt und Friede in das Chaos unserer verdrehten Welt gebracht. Wer soll schon wissen können, dass Jesus Christus hinter den schiefen, ungestrichenen und in ungeölten Angeln schrecklich quietschenden Stalltüren seinen Weg zu uns, für uns und mit uns beginnt.

Mit ein paar ganzseitigen Anzeigen in den großen Zeitungen der Welt wäre das ganz anders gelaufen. Ein paar dicke Sponsoren hätten sich engagiert und die Spende von der Steuer abgesetzt. Eine gezielte, gut vorbereitete Talkshow, eine Webadresse: „www. kippe.holynight.de“ und sofort hätte der Informationsprozess in Sachen Welterlösung die wesentlichsten Kreise von Politik und Wirtschaft, die Chefetagen der Konzerne, die Parteibüros der Roten und Grünen und Andersfarbenen, die Tourismusindustrie und die Bischöflichen Ordinariate erreicht samt den Fachgeschäften für liturgische Gewandungen und Weihrauch. Doch das Fest der Geburt Christi findet nicht im virtuellen Raum des Internet statt. Die Geburt des Herrn geschieht nicht in den mehr oder weniger geschmackvollen Schaufenstern der großen Einkaufszentren. Gott kommt immer von einer Seite, von der her wir es nicht vermuten oder erwarten. Glaube ist kein Artikel der Versandwarenhäuser. Hirten und Schafe, Könige und Kamele mussten sich erst einmal auf die Suche machen ohne die Hilfe von dicken Warenhauskatalogen. Ich denke mir, dass ich gerade zu Weihnachten meine Suchorgane besonders sensibel einzusetzen habe, um mich nach dem Kind umzusehen. Ich muss nach ihm schnuppern, nach ihm tasten. Ich muss die Feinfühligkeit des Augenblicks erlernen. Dann wird Gott es mir schenken, seinen Sohn in den unmöglichsten Situationen zwischen Bergen von Dresdner Christstolle oder im Lärm des Bahnhofs Zoo oder in den Dunstwolken von Bratwurst und diversen Sorten Glühwein mit Schmalzstulle auf dem Weihnachtsmarkt am Alex zu erspüren. Vielleicht wird Jesus mir fröhlich zulächeln, wenn ich in dieses Dresdner Weihnachtsspezialgebäck beiße.

Wenn unsere Eltern uns in den längst vergangenen Kriegs- und Hungerjahren gefragt hätten, was wir uns zu Weihnachten wünschten, hätten wir liebend gerne sehr laut gesagt: Dresdner Stolle. Unsere Eltern würden uns ebenso gerne damit bis zum Gehtnichtmehr gefüttert haben. Die Schwierigkeit lag nur darin, dass ein gewisser Hitler, Adolf gerade eben seinen Endsieg um einige Haaresbreiten verpasst hatte. So lag die Ursprungsstadt der Christstolle total in Trümmern.

Heute brauche ich mir diese Backware nicht mehr zu wünschen, es gibt sie tonnenweise. Die Dresdner Stolle hat Krieg und Sozialismus überstanden. Da sind wir bei dem Problem, was ich mir heutzutage zum Fest wünschen soll. Es gibt ja alles, sofern die Euros reichen, jedenfalls wenn es um das Materielle geht. Vielleicht wäre einer meiner nicht materiellen Weihnachtswünsche, dass es in diesen Tagen ein wenig Stille gibt, um auf die Krippe zu schauen. Ein Weihnachtsfest mit dem weihnachtsliedersangeskräftigen Familienvorsteher Peter und seiner klavierspielenden Gattin Tony kann ich mir nicht mehr

wünschen. Die beiden feiern schon am himmlischen Originalort das Originalweihnachtsfest mit den Originalpersonen. Ob es da auch himmlische Dresdner Stolle gibt, konnte mir der Vatikan noch nicht mitteilen. Da müssen wir weitere Forschungsergebnisse kluger Theologieprofessoren abwarten. Im Himmel werden wir es mit Sicherheit erfahren, wenn es uns dann noch interessiert.
Bei uns am Niederrhein gab es keine Dresdner Christstolle. Das lag an den Weihnachtsgebräuchen, die im evangelischen Sachsen sehr viel anders sein können als am katholischen Niederrhein. Und es lag am schlimmen Krieg mit seinem Ersatzkaffee, Kunsthonig und Wurstersatzbrotaufstrich. Also ist meine Erinnerung an die heimatliche Weihnacht geprägt von den spezialedelstahlgehärteten Plätzchen, mit denen Mama und Papa den Baum behangen hatten. Papa brauchte viel Leiter zu halsbrecherischen Aktionen, weil er nach oben hin sehr klein war. Aber er liebte große Christbäume. Wenn die Spitze erst einmal ganz oben auf dem Baum war, konnte Mama den ärztlichen Unfallbereitschaftsdienst wieder abbestellen. Am zweiten Februar durften diese kiegsharten, zementähnlichen Backwaren abgegessen werden, nachdem wir sie mit Hammer, Axt und Säge zu zerkleinern versucht hatten. Denn ein Zahnarzt. für die ganze weihnachtsbetonplätzchengeschädigte Familie war von den paar Groschen des väterlichen Verdienstes nicht zu bezahlen.

Unsere Oma, in deren Haus wir als Untermieter meist friedvoll wohnten, hatte damals schon Brillengläser von der Dicke eines Einweckglasdeckels. Da sie kaum etwas sehen konnte, trat unsere Ahne aus Versehen auf die neuen Weihnachtsgeschenke. Das waren Spielzeugsoldaten, schön in Feldgrau mit Stahlhelm, Gewehr und Brotbeutel, liegend, stehend, laufend und schießend sowie fallend. Omas Fehltritte auf diese kriegerische Armee waren wohl ein Zeichen des Himmels. Spielzeugsoldaten und Waffen sind das perverseste Geschenk, das zum Fest der Geburt des Friedensfürsten unter dem Weihnachtsbaum liegen kann.

Das schrecklichste und verdrehteste Weihnachtslied ist jenes mit dem Text vom Weihnachtsmann, der morgen kommt. Sein Auftrag ist laut den Worten des angeblichen Weihnachtsliedes, Trommel, Pfeifen und Gewehr, Fahn' und Säbel und noch mehr, ja ein ganzes Kriegesheer zu bringen. Wie kann man auf die verrückte Idee kommen, Friede sei mit Gewehr und Kriegsheer zu bringen? Offensichtlich ist das auch heute noch, in unserem angeblich so aufgeklärten und fortschrittlichen einundzwanzigsten Jahrhundert möglich. Der Unterschied besteht nur darin, dass es diesmal nicht mit Gewehr, sondern mit Raketen und B-52 probiert wird. Es ist mir unerklärlich, wie man mit höchstperfektionierter Elektronik der Waffensysteme Länder und Völker befrieden will. Vielleicht wird es dann so etwas wie Frieden in einer Friedhofslandschaft. Wer sich zum Friedensbringer hochstilisiert, muss wissen, was er da tut. Wer von sich aus entscheidet, dass alle friedlichen Mittel, die das Völkerrecht zur Verfügung hat, ausgeschöpft seien, nimmt eine große Verantwortung vor Gott, seinem Gewissen und der Geschichte auf sich. Man kann nicht einen Brand löschen, indem man Feuer anmacht. Ich weiß nicht, was sich der Dichter und Erfinder des Deutschlandliedes, Hoffmann von Fallersleben, im Jahre 1839 dabei gedacht hat, als er Weihnachten als Fest des göttlichen Friedens mit Trommeln, Pfeifen und Gewehr, Fahn' und Säbel und noch mehr aufrüstete. Schließlich war auch um 1848 ein General kein Friedensengel, ein Schießgewehr keine Hirtenflöte oder Friedensschalmei, eine Kanonenkugel kein Weihnachtsgebäck, ein Stahlhelm kein Brautkranz und ein Sarg keine Krippe. Niemand wird in weihnachtlicher Feststimmung behaupten können, eine brennende Ölquelle sei dasselbe wie ein friedliches Hirtenfeuer in Betlehem. Keiner soll sich wahnsinniger Weise einbilden wollen, man müsse alle Häuser zusammenschlagen, damit sie dem Stall von Betlehem ähnlich würden. Es ist wohl auch ein grandioses Missverständnis zu glauben, irgendein Volk könne einen göttlichen Hinweis erhalten haben, es solle ein anderes Volk mit Waffengewalt befreien. Wir haben die geist-seelenlose Infamie dieses Liedes erst richtig begriffen, als es in unserem Haus keine Weihnachtsstolle mehr geben konnte. Nachdem sich der Qualm der Luftminen verzogen hatte, war nämlich kein Elternhaus mehr da, das um einen Familienweihnachtsbaum hätte herumstehen können. Es war auch keine Kirche mehr da, in der die Weihnachtsmesse hätte gefeiert werden können, und kein Bäckerladen, der Dresdner Weihnachtsstolle auf Lebensmittelkarte anbieten konnte. Den Ständer für den Weihnachtsbaum hatten wir aber damals merkwürdigerweise aus der Katastrophe gerettet. Er hat noch vielen Weihnachtsbäumen Standhaftigkeit verliehen, bis wir zum Einzug unserer Mutter in das Seniorenheim den Haushalt in alle Winde und Entsorgungsformen zerstreuen mussten.

Ich habe im Leben dann lernen müssen, dass vor der Weihnachtsstolle das Abenteuer des Einstielens diverser Weihnachtsbäume zu bewältigen ist. Das geht von den Ministändern für Kleinwohnzimmerecken-Tannenbäumchen bis zu gewaltigen, von Zimmermännern gewerkelten Anlagen für Maximalweihnachtsbäume, die von sechs und mehr kräftigen Männern in der Kirche emporgewuchtet werden müssen. Vor den Erfolg haben die Götter den Schweiß gestellt. Unser sanfter und fröhlicher Vater konnte beim Einstielen der Weihnachtstanne in Zustände geraten, die sehr an den Ausbruch des Vesuvs erinnerten. Beim Aufhängen des Lamettas war aber schon wieder himmelähnlicher Friede. Wenn ich den Baum aufstellte, litt oft nicht nur der Weihnachtsbaum an meiner Ungeschicklichkeit, sondern auch meine höchsteigene Hand. Sie war dann mit Weihnachtsbaumschrammen und Tannenbaumblessuren verziert wie der Baum selbst mit Kugeln und Sternen. Wie die Väter, so die Söhne. Dafür schmeckt das Dresdner Spezialgebäck dann umso besser, aber erst nachher, nicht vorher.

In unseren Tagen gibt es wieder Häuser und Weihnachtsbäume und Pappteller mit Süßigkeiten und Berge von Geschenken, die nach Weihnachten wieder umgetauscht werden können. Bleibt die Frage, ob wir wenigstens auch einen Hauch vom Betlehemsfrieden in unseren Weihnachtsstuben spüren. Mir hilft zu diesem Weihnachtsfrieden die Stunde, in der ich die Krippe aufbaue. Die besitzt inzwischen als Assistenzfiguren einen Fuchs mit einer gestohlenen Gans in der Schnauze, die er zur Krippe schleppt. Dazu kommen eine niedliche Maus, ein Schweinchen und ein wunderbares Kamel mit drei königlichen Weisen aus dem Morgenland. Dann finden sich ein Bündel Heu und vier Elefanten, die eigentlich nicht in den Stil der Altöttinger Krippe passen. Sie sind viel zu klein im Maßstab. Das macht nichts. Im Himmel werden wir feststellen, dass vieles auch in unseren Tagen und in unserem Land an der Krippe war, von dem wir als geübte Berufskatholiken nie gedacht haben, dass es dahinpasst. In der Barockkirche von Neuzelle haben wir einmal aus Spaß an der Freude mit Puppenmöbeln eine ganz kleine Küche in die Krippe eingebaut. Die sah niedlich aus mit Töpfen und Gemüsekörben und Küchenmessern und kleinen Kohlköpfen. Der Küchenherd war aus Mauersteinen. Die Gottesmutter Maria muss doch schließlich irgendwo kochen können. Oder hat Josef gekocht? Wenn ja, hat er gut gekocht, und vor allem: hatte er etwas zu kochen? Als unser menschenfreundlicher, aber etwas penibler zuständiger Ortspfarrer diese Krippeneinbauküche entdeckte, fand er, das sei doch wirklich zu albern und zu viel. Wir konnten diesem Schicksalsschlag nicht ausweichen und mussten zum Schaden von Maria und Josef die Krippenküche wieder demontieren, worauf die Kinder der Gemeinde protestierten, ehe sie wieder zu ihrer Dresdner Weihnachtsstolle zurückkehrten. Aber vorher sangen wir noch mit den Kindern das alte nachdenklich-staunende Weihnachtslied von dem Stall, in dem gar so kalt der Wind weht. Da heißt es dann: „O Kindelein, von Herzen dich will ich lieben sehr, in Freuden und in Schmerzen, je länger mehr und mehr." Das ist nun eine eigene Art von Gewissenserforschung vor der Krippe, die mir Magenschmerzen bereitet. Liebe ich das Christkind je länger mehr und mehr? Oder liebe ich es leider je länger weniger und weniger?

Am Ende dieser Weihnachtsstollenüberlegungen

bleibt die Frage, was ich zum nächsten Christfest meinem Nächsten schenke. Ich sollte die Krippe als Maß für meine Weihnachtsaktionen nehmen. Die ersten Geschenke an der Krippe waren unserem Informationsstand nach Schafskäse und Ziegenmilch. Die besseren Sachen wie Gold, Weihrauch und Myrrhe kamen erst später, weil die Kamele Verspätung hatten. Milch und Käse wurden also zuerst gebracht, und zwar in der wundersamen Verpackung der Liebe. Schafskäse und Ziegenmilch mit Liebe hört sich für einen verwöhnten Mitteleuropäer nach sehr wenig an. Aber es ist unvergleichlich mehr als ein Mercedes für 75.300 Euro ohne Liebe.
Ein Stück Dresdner Christstolle mit Liebe ist viel mehr als ein Wohnzimmerteppich aus Verlegenheit geschenkt. Käse, Milch und Stolle mit Liebe haben dazu noch einen unschätzbaren Vorteil. Man braucht nach Weihnachten mit ihnen keine Umtauschaktion zu starten. Denn Liebe kann man nicht umtauschen. Man muss es auch nicht.

Klaus Weyers

Honigplätzchen

ZUTATEN

Backblech (30 x 28 cm)
70g Orangeat
3 Esslöffel Birnendicksaft
2 Esslöffel Olivenöl
2 Teelöffel Zimtpulver
1 Msp. Ingwerpulver
1 Msp. Korianderpulver
6 Esslöffel warmes Wasser
3 Esslöffel flüssiger Honig
110 g geriebene Haselnüsse
200 g Vollkornmehl

ZUBEREITUNG

Orangeat, Birnensaft, Olivenöl und Gewürze mischen. Wasser und Honig unterrühren. Haselnüsse und Mehl zugeben, in der Schüssel immer wieder ausstreichen, bis alles zu einer Masse gut vermischt ist.
Den Teig auf das geölte Backblech streichen.
Auf unterster Schiene bei 180 Grad etwa 18 Minuten backen. Danach in kleine Quadrate schneiden.

Bin zufrieden. „Weihnachtsplätzchen"

Wenn mich zurzeit jemand fragt, wie es mir geht, dann sage ich meistens: „Ich bin zufrieden." Oder manchmal sage ich auch: „Ich bin's zufrieden." Warum, weiß ich noch nicht, oder ich sage: „Ich bin vergnügt", sage ich auch, „ich bin vergnügt, erlöst, befreit", aber meistens sage ich: „Ich bin zufrieden." Und ich glaube, wer das sagen kann, der hat eigentlich Glück gehabt, finde ich. Gott ja, es gibt natürlich immer, immer mal so Momente, wo es einem nicht so gut geht. Das kennen Sie doch auch alle, das muss ich Ihnen gar nicht erzählen. Nicht so gut gehen kann. Das muss man ja auch nicht jedem auf die Nase binden. Aber gerade jetzt so, in der Adventszeit. Ich weiß ja nicht, wie Sie die überhaupt begehen, die Adventszeit. Ich sag ja auch immer französisch: Chacun a sont goût", das heißt also, jeder soll machen was er will, jedem Tierchen sein Pläsierchen, hat ja schon der alte Fritz gesagt. Na ja, also ich bin jetzt eigentlich so um diese Zeit gern zu Haus, muss ich sagen, furchtbar gern zu Haus. Einfach weil es jetzt schon so schön auf Weihnachten zugeht. Und auch obwohl Weihnachten ja in letzter Zeit immer früher anfängt. Ja, haben Sie doch auch festgestellt. Ich hab ja schon im Oktober in den Geschäften Tannenzweige gesehen. Also. Also, jeder soll sich seinen Zauber kaputtmachen, wie er gerade mag, nich wahr. Das ist so. Sag ich immer, ich kann sowieso nix ändern, ich kann daran nix ändern. Ich sag immer, ich sitze hier und kann's nicht ändern, frei nach Luther, nich wahr. Ich mein, die Menschen werden aufgeklärter von Tag zu Tag und fallen immer mehr ins Mittelalter zurück, nich war. Da muss ich mich schon an meine alten Liebhabereien halten. Wenn also früher bei uns um diese Zeit Plätzkes gebacken wurden, Plätzkes, also selbst gebacken, nicht selbst gekauft, dann lag ich immer mit beiden Ellbogen aufgestützt, den Kopf in beiden Händen, auf dem Tisch und guckte zu, wie der Teig ausgerollt wurde. Wie dann die Förmchen da reingestochen wurden, es war immer so schön warm in der Küche, und dann wurde das große Blech mit Butter eingerieben, und dann kamen die Plätzkes und die Schafe, die Sterne und die Mönde, und dann kam alles auf das Blech, kam das alles drauf, und dann wurde das in den Ofen geschoben. Dann muss man warten und schon mal die große Dose holen, die große Plätzkesdose im Wohnzimmerschrank. Und das roch immer so, das roch immer so wahnsinnig nach Weihnachten. Gab natürlich auch Makronen und Zimtsterne. Und Speckelaats gab's natürlich auch. Das kennen viele überhaupt gar nicht, auch hier im Rheinland nicht, hab ich festgestellt. Das ess ich heute noch auf Schwarzbrot mit dick Butter drauf. Kann ich nur empfehlen. Schwarzbrot und dick Butter drauf und dann noch Speckelaats drauf, hat mein Vater immer gesagt, das musst du mal essen, sagt er, das schmeckt lecker, Speckelaats auf Schwarzbrot mit dick Butter. Heute sind ja immer noch meine Lieblingsplätzchen, also, die schon fast verbrannt sind. Das sind meine Lieblingsplätzchen. Also die etwas zu dunkel geratenen. Und ich sag immer, tut nicht so viel Zucker dran. Dann schmeckt es so schön herb, wenn nicht so viel Zucker dran ist, und dunkelbraun bis verbrannt müssen sie sein. Also schon fast Ausschuss, sag ich immer. Und meine Frau macht dann, extra für mich, macht sie extra die Verbrannten extra. Das gibt einen extra Teller, nur mit verbrannten, mit wenig Zucker. Und dann lieg ich auch heut' noch, auf beiden Ellbogen gestützt, den Kopf so in beiden Händen, auf dem Tisch, wenn der Teig ausgerollt wird. Und ich brauch gar nix zu sagen. Meine Frau sagt gleich, keine Bange, du kriegst deine Verbrannten. Den Ausschuss. Keine Bange. Tja, was will ich mehr. Wie ich ja schon sagte, ich bin's zufrieden.

Hanns Dieter Hüsch

Schlesische Mohnkließla

ZUTATEN

6 altbackene Brötchen
50 g Rosinen
½ l Milch
6 EL Zucker
2 EL Rum
250 g gemahlener Mohn
50 g gehackte Mandeln
2 EL Puderzucker

ZUBEREITUNG

Die Brötchen in Scheiben schneiden. Die Rosinen waschen und in heißem Wasser einweichen.

Die Milch mit dem Zucker zum Kochen bringen und ¼ l davon über das Brot gießen.

Es soll gut durchweichen, jedoch nicht zerfallen.

Die restliche heiße Milch und den Rum über den Mohn gießen. Die Rosinen abtropfen lassen und mit den Mandeln zum Mohn geben. Die Mohnmasse gut durchmischen.

In eine Servierschale abwechselnd Brötchenscheiben und Mohnmasse schichten. Mit Mohn abschließen.

Die Mohnkließla mit Puderzucker bestreuen.

Der Mohn ist ausgegangen – wie man 1945 Mohnkließla machte

Man muss, ob Mann ob Frau, kochen können in diesen genussfreudigen Zeiten. Spitzenköche beherrschen die Prominentenszene. Wer etwas auf sich hält, kocht mit Berti, Bruni, Bio oder schreibt Kochbücher, wird Menu-Referent in Großkonzernen, Juryteilnehmer bei Kochmeisterschaften oder eröffnet Agenturen für internationale Meisterköche. Gaumenfestivals und Gipfeltreffen der Superköche werden vorbereitet und sehr bald werden wir die so lange schmerzlich vermisste Lukulliade besuchen können. Wunderschöne Preise sind bereits zu gewinnen: der Goldene Tiegel von Aix en Provence, die Siegespfanne von Vilsbiebichstein, der Krummenreuther Kochlöffel und die Lederzunge der Uckermark.
Der deutsche Spitzenpreisenverzehrer mit dem sensiblen Gaumen, der Weinkenner mit dem überlegenen Wissen um die Genealogie jeder einzelnen Rebe haben die Szene betreten.
Der deutsche Festmahl-Trampel hat ausgedient. Er befindet sich in der Champions League der Topgourmets. Seine Kritikfähigkeit hat erstaunlich zugenommen. Aber auch seine Kritikwilligkeit. Ich glaube gehört zu haben, dass eine Dame in einem teuren Restaurant spitz bemerkte: „Probier doch mal Detlev, findest du nicht, dass der Kaffee korkt?"

Vielleicht habe ich mich verhört. Dies alles bedenkend, meine ich, dass es an der Zeit wäre, sich an historische Rezepte aus hungrigen Zeiten zu erinnern, solange man als Zeuge dieser Jahre noch Auskunft geben kann. Als meine Mutter uns am Weihnachtsabend 1945 zu Tisch bat, hatten wir gar keinen Tisch.

Vater, Mutter und Bruder (3) waren kurze Zeit vorher, im März des letzten Kriegsjahres, vom Pferdewagen heruntergestiegen und notdürftig in einem Zimmer untergekommen, das unmöbliert, aber heizbar war. Im Oktober war ich zu ihnen gestoßen, hatte ihre Adresse in den Flüchtlingskarteien gefunden und bereicherte die Wohngemeinschaft, die nun trotzig Weihnachten feiern wollte. Mutter sagte: „Vor ein paar Jahren noch hätte ich mir eines von diesen Kochbüchern genommen, in denen Rezepte vermerkt waren, die gewöhnlich so begannen: ‚Man nehme sieben bis acht Kilo Rindfleisch ...' und würde zwei bis drei Tage gekocht, gebrutzelt und gebacken haben, jetzt habe ich nicht einmal die Kochbücher mit auf die Flucht nehmen können."

Dass wir nun keinen Tisch hatten, auf dem etwas zu essen kommen sollte, war halb so schlimm, denn mein Vater hatte eine alte Tür aus einer Hausruine geschenkt bekommen und die auf zwei Baumstümpfe gelegt, die er irgendwoher hatte. Erstaunlicherweise ist im Familienrat beschlossen worden, trotz aller Widrigkeiten die traditionellen schlesischen Mohn-

klöße zu essen. Tja, was nehme man denn da? Mutter meinte, da nehme man Mohn, Milch, Zucker, Semmel und streue darüber Puderzucker.
Im Oktober hatte diese Besprechung schon stattgefunden und die Nennung der nötigen Zutaten bewirkte ein großes Gelächter. Es war noch alles so, wie es bei Anbruch des Friedens schon gewesen ist. Was es da alles nicht gegeben hatte, gab es ein paar Monate später nicht nur nicht, sondern noch viel weniger. Das Einzige, was als Verbesserung der Lage anzusehen war: Es wurde nicht mehr geschossen. Und nun sollten in einer Zeit, in der man bayrische Bauern um stecken gelassene Kartoffeln im Acker bestehlen musste, Mohnklöße auf die Tür! Auf den Tisch meine ich, der eine Tür war. Wir überlegten, besahen die Reste unseres Besitzes, Dinge, die in Panik auf den Pferdewagen geworfen wurden und nun nutzlos in den Ecken herumlagen, und verwandelten sie in unserer Fantasie in Lebensmittel.
Hier nun das Rezept, nach dem meine Mutter die Mohnklöße in gewohnter Friedensqualität hergestellt hat. Man nehme ... die Erinnerung zu Hilfe, die einem sagt: „Dünne Scheiben, von Semmeln gemacht, werden zuerst in süßlicher Milch gebrüht!!!" Woher nehme man sie, die Milch? Da nehme man den 6-Uhr-Zug, es fährt nur ein einziger früh am Morgen und einer spät am Abend, steige in Weiden (Oberpfalz) aus, versuche einen Zug nach Nabburg

zu bekommen und, wenn das gelingt, gehe man in südwestlicher Richtung zweieinhalb Stunden in ein Dorf, denn dort wohnt ein guter Bekannter aus der Gegend von Hirschberg, der bei einem Großbauern arbeitet, der zwar ein Beamter des Reichsnährstandes gewesen ist, aber der von diesem Bauern geduldet wird, weil er ein guter Melker zu sein scheint.
Natürlich war nicht daran gedacht, die Milch für die Mohnklöße auf diesem Hof zu erhalten. Es wäre auch zu gefährlich gewesen, weil der Bauer auf bettelnde Fremde in der Regel seinen Hofhund hetzte. Nein, meine Mutter hatte sich das viel geschickter ausgedacht. Nach zwei Tagen kehrte sie zurück und meinte, für die zu nehmende Milch wäre nun gesorgt. Mehr verriet sie nicht. Eine Woche später hielt ein klappriger Lastwagen vor dem Haus und holte unseren Teppich ab, der zu Hause unser „Herrenzimmer" geschmückt hatte. Dafür ließ er uns eine Ziege da. Für die Milch war gesorgt. Woher sollten aber die „dünnen Scheiben, von Semmeln gemacht" kommen?
Sie kamen auf folgende Weise: Unsere kostbaren zwei Pferde durften im Kuhstall des Müllers stehen, wofür Vater natürlich Gespanndienste leisten musste. Auf die schüchtern vorgetragene Frage, ob da nicht auch ein bisschen Mehl dabei herausspränge, kam vonseiten des Müllers ein Kopschütteln. Zwei Tage später klopfte er an unserer Tür und machte einen Vorschlag, den der Vater ohne lange zu überlegen,an-

nahm. Es stellte sich heraus, dass der Müller auch Probleme hatte. Er wollte seiner Frau unbedingt ein neues Porzellanservice zu Weihnachten schenken, wusste aber nicht, wie er zu einer Tankladung Benzin kommen sollte, die der Abteilungsleiter der ortsansässigen Porzellanfabrik für das Service forderte. Er kannte aber einen Mann, der im Motor-Pool der US-Army arbeitete, der Benzin in alle Richtungen laufen lassen konnte, dafür aber große Mengen erstklassiges Holz für den Winter forderte. Der Müller besaß ein ansehnliches Stück Wald und bot meinem Vater an, mit seinen zwei Pferden das geschlagene Holz aus dem Wald abzufahren und vor dem Haus des Benzinvermittlers aufzuschichten. Der Preis sollte ein Säckchen unbezahlbares Weizenmehl sein. Vater fuhr vier Tage lang. Aber das Mehl war da.

Nun aber verlangen die Mohnklöße Folgendes: „Dünne Scheiben von Semmeln… (der Semmelscheiben, die aus Porzellan, Benzin und Feuerholz entstanden sind) … werden zuerst in süßlicher Milch gebrüht … (die, wir erinnern uns, aus dem Teppich entstanden ist) … und in Schichten sauber getürmt, indes für Zwischenräume der Lage jegliche Schicht durchnetzt geschmolzener Zucker …“ Man nehme also Zucker. Woher?

Da nehme man wieder den Sechsuhrzug nach Weiden, steige in den Zug nach Regensburg und versuche von dort aus in ein nahe gelegenes Obstanbaugebiet zu kommen. Nach ein, zwei Tagen könnte man dort angekommen sein. Mit ziemlicher Sicherheit trifft man auf dem Bahnhof Menschen, die auf dem Land Obst pflücken durften, das schon ein wenig angeschlagen war. Um ihnen einen Teil der Äpfel abzuschwatzen, hatte meine Mutter Ziegenkäse gemacht und tauschte nun die Milch der Ziege, die eigentlich unser Teppich gewesen ist, in Fallobst ein. Das nun schleppte sie nach Hause und gab es einer Lebensmittelhändlerin die darüber klagte, dass ihre Kinder zu wenig Obst bekämen.

Nun hatten wir auch Zucker. Aber keinen Mohn. Woher soll man den in Bayern nehmen? Schlesien war ein Mohnanbaugebiet. Vor Christi Geburt schon gab es bei uns Mohn. Wer es nicht glauben mag, der sei daran erinnert, dass im schlesischen Dialekt das Wort „Mohgotl" vorkommt. Es bezeichnet einen Menschen, der ein bisschen dösig wirkt, verschlafen eben oder verträumt. Mohn macht dumm, hatte man uns als Kinder beigebracht. Damit ist vermutlich der Schlafmohn gemeint oder vielleicht gar der Mohn-Sirup Sirupus Papaverdis, der schon bei den Römern als Schlafmittel galt.

Es gibt Theorien die einen Zusammenhang zwischen Mohn, den Goten und den Römern vermuten. Dass die Goten ein paar Hundert Jahre in Schlesien verbracht haben, bevor sie sich entschlossen, den Untergang Roms zu beschleunigen und mit roher

Gewalt ganz Italien heimzusuchen, muss ich nicht mehr erwähnen, denn das haben wir schon in der Schule gelernt. Hinzugelernt habe ich, dass ein Teil dieser Goten, es waren übrigens Süd-Goten, also ein Stamm, von dem man nie gesprochen hat, immer nur von den Ost- und Westgoten, die Mohnsüchtigen unter den Goten, an der Oder ausgesetzt hat, und dieses sind nun die bereits erwähnten „Mohgotl".
Ein solches muss der Mensch gewesen sein, der seinen Mohnvorrat verkaufen wollte für eine Packung Chesterfield. Für diese Packung haben wir schwere Opfer bringen müssen. Besonders unsere Ziege musste herhalten. 2 Liter Milch und Mutters schönster Ring für ein paar Schuhe, die an einen Mitarbeiter der PX in der Patton-Kaserne gingen. Der hatte die Zigaretten völlig fantasielos einfach geklaut.
Es war geschafft. Am 24. Mai aßen wir Mohnklöße! Schlesier müssen an diesem Tag Mohnklöße essen, weil ihnen damit garantiert wird, dass das Geld nicht ausgeht. Nach dem Essen haben wir sehr gelacht, denn wir stellten fest, dass wir gar keins hatten.
Aber wir hatten sehr, sehr gute Laune.

Dieter Hildebrandt

Christbrot

ZUTATEN

500 g Butter	30 g Zitronat
1,1 kg Mehl	2 Eier
140 g gehackte Mandeln	2 TL Rosenwasser
100 g Zucker	2 Eigelb
15 g Zimt	2 EL Hagelzucker

ZUBEREITUNG

Die Butter schmelzen. Mit den anderen Zutaten mischen. Mit Rosenwasser besprengen und zu einem Teig verarbeiten. Den Teig fingerdick ausrollen, in viereckige Stückchen schneiden oder mit Förmchen ausstechen. Teile auf ein mit Mehl bestäubtes Blech setzen. Mit verquirltem Ei bestreichen und im Ofen bei 210- 220 ° etwa 10–15 min backen. Rausnehmen, bevor sie braun werden. Mit einer Glasur bestreichen und mit Hagelzucker bestreuen.

Das missratene Fest

Die Türen zu Herren- und Speisezimmer sind verschlossen, dort werden Geschenke gestapelt. Aber andere Geschenke dürfen wir sehen und in Empfang nehmen. Wenn es schellt, rennen Lore und ich zur

Tür. Manchmal werden wir enttäuscht, dann ist es der Briefträger oder irgendein Besucher, doch oft stehen eine Bäuerin oder ein Bauer vor der Schwelle, verlangen, Vater und Mutter zu sprechen. Sie werden in die Küche geführt und dort ziehen sie aus Korb oder Tasche den Segen, der uns graust und anzieht: einen Hasen, eine Gans, eine Ente. Es seien „Naturalien", erklären sie. Ein Wort, das sich mir einprägt, sich ständig weitet und am Ende zahllose nützliche Dinge einschließt. Mit diesen Naturalien danken sie Vater, der sie vor Gericht verteidigt hat. Oft sind es Tschechen, die aus kleinen Orten in der Hana, der großen Ebene an der March, angereist kommen.
So gut wird es uns nie wieder gehen, sagt Mutter ein ums andere Mal. Vater ist stolz. Er erzählt von den Spendern, diesen „armen Wursteln", die sich mit dem neuen Recht nicht auskennen.
Eine Gans und zwei Hasen bleiben übrig; alles andere wird weiterverschenkt, an Bohumila, unserem tschechisches Dienstmädchen, an den alten Anwalt, an dessen Freunde, an Klienten.
Mutter hält sich fast nur noch in der Küche auf, rupft, zieht ab, berauscht sich mit Bohumila über die Erweiterung des Küchenzettels: dass wir einmal richtig schlemmen können und nicht nur zwischen Erbseneintopf, Armem Ritter und Kartoffelgulasch zu wählen haben.
Es wäre schön, wir könnten so, geschäftig und re-

dend auf das Fest zutreiben, ich könnte ungefragt von der Schule erzählen, vor der ich mich geängstigt habe, in der ich aber unerwartet rasch Freunde gewann, und die beherrscht wurde von dem Oberlehrer Kögler, der aus dem Riesengebirge stammte, wie Rübezahl aussah und ein noch gewaltigerer Heldenbeschwörer war als Kutzschebauch in Hartmannsdorf, Tschechen als Kreaturen bezeichnete und die Schlacht um Stalingrad als den Schlusspunkt des Kampfes gegen den Bolschewismus ansah. Nur ist es wichtig, Buben fürs Winterhilfswerk zu sammeln, damit die Soldaten auch dicke Mäntel und festes Schuhwerk bekommen. Mutter schüttelt den Kopf, nennt den Oberlehrer einen dummen Schwärmer. Ich finde das ungerecht, denn schließlich hat er im Ersten Weltkrieg am Isonzo gestanden und war verwundet worden.

Wenn Vater mir zuhört, presst er die Lippen zusammen. Kögler zählt offenbar zu denen, die er meidet. Immerhin redet er sie mir nicht aus. Er will nichts von ihnen wissen, wie von vielem nicht. Insgeheim und in Wachträumen rufe ich die Bewunderten gegen Vater zusammen, fühle mich stärker als er, fast schon wie ein Held. Weil Vater den Helden ausweicht und sich vor dem Kampf drückt, bin ich eigentlich ein Kind des Führers. Und natürlich liebe ich Mutter, die mir ab und zu mit ihrem Spott zwar unheimlich ist, aber niemals feige sein wird.

Die Vorbereitungen wurden turbulent, als der Weihnachtsbesuch, Großmutter und Tante Käthe, eintraf. Ein Plan Vaters verdarb mir schließlich alle Vorfreude. Er machte mich erst am Tag vor Weihnachten damit vertraut, weil er wohl ahnte, in welche Pein er mich bringen würde. Er saß an dem leeren Schreibtisch im Herrenzimmer, bat mich, ein wenig gereizt, Platz zu nehmen und, bitte, zuzuhören. Ich möchte, begann er, dass wir diese Weihnachten besonders feierlich begehen, und ich habe dir eine wichtige Aufgabe zugedacht. Hörst du? Eine besonders wichtige Aufgabe. Du hast eine hübsche Stimme und deklamierst ja gerne. Ich habe also einen Geiger engagiert, der dich beim Singen begleiten soll. Mehr als zwei Lieder wünsche ich gar nicht. Sagen wir Stille Nacht und Oh du fröhliche. Im Übrigen – Vater sah auf die Armbanduhr – wird der Musiker gleich hier sein. Ihr solltet wenigstens einmal zusammen proben.
Ich antworte nicht. Ich kann es nicht. Schreck und Verblüffung machen mich starr. Ich hoffe, dass ich die Stimme verliere, niemals singen kann, niemals. Er merkt anscheinend nicht, dass ich die Sprache verloren habe, und beugt sich fragend nach vorn: Was meinst du?
Endlich kann ich mich hören. Das Nein steht sichtbar vor meinem Mund, wie eine Sperre.
Bist du verrückt? Er steht auf. Seine Hand drückt meinen Hals. Willst du mir alles verderben?

Da er genau geplant hat, führt Bohumila den Geiger herein, einen kleinen verschwitzten Herrn, der eine Verbeugung nach der andern macht, mir flüchtig mit feuchter Hand die Wange tätschelt und dennoch entschieden den Herrn Doktor bittet, „uns zwei Musikanten" allein zu lassen. Dem Geiger scheint der Auftrag nicht weniger peinlich zu sein und er beginnt mich zu trösten: Also, Bub, ein solches Konzert geht schneller vorüber, als man denkt. Besonders an Festen. Da ist jeder so aufgeregt, dass ein Patzer gar nichts bedeutet. Die Kunst muss das Gefühl verstärken, sonst nichts. Und was heißt schon Kunst. Ich rate dir, sing leis, dann werden sie besonders gerührt sein, auch wenn du stockst oder ein Wort vergisst. Es schadet nichts. Und überhaupt bin ich hier, um dir zu helfen. Denk daran, die Geige lässt dich nicht im Stich. Zwei Lieder, was sag ich, vergehen wie im Flug. Er zieht ein schmutziges, zerknülltes Tuch aus der Hosentasche, klemmt es zusammen mit der Geige unters Kinn, stimmt das Instrument, blinzelt mir zu, zieht mich in ein Vertrauen, das ich zu ihm so wenig wie zu den anderen Erwachsenen habe, und befiehlt: Stell dich am gescheitesten direkt neben mich, schon von wegen der Intonation.

Die Geige klingt zu meiner Überraschung mächtig und klar.

Zaghaft stimme ich ein. Ich flüstere mehr, als dass ich singe. Er unterbricht das Spiel.

Ein bissel laut müsste es schon sein. Piano meinetwegen, nicht pianissimo. Verstehst mich?
Ich versteh ihn gut.
Am liebsten würde ich ihm bloß zuhören. Wir proben jedes Lied zweimal. Dann packt er unverzüglich die Geige in den Kasten, tätschelt mir die Wange, riecht, als habe er sich in Eukalyptusessenz gebadet.
Wir werden's überstehen, Bub. Denk an die Rührung.
Ich höre, wie er im Vorsaal mit Vater redet. Vater muss gelauscht und ihn abgefangen haben, vielleicht, um ihn zu bezahlen, vielleicht auch, um sich nach meiner Gesangskunst zu erkundigen. Am Heiligen Abend weckte mich Geschrei. Die drei Frauen überboten sich in lärmender Hilfsbereitschaft. Nein, lass mich den Vorsaal bohnern, inzwischen kannst du in der Küche … Ich bitte dich, das macht doch keine Umstände, noch den Teppich … Ehe Rudi den Baum schmückt, sollte aber … Die Fülle für die Gans müsste jetzt, wenn nicht … Die Würstel müssten noch heute Vormittag … Wer geht mit den Kindern spazieren, ehe …
Ich hasse sie, ich hasse diese Stimmen, die mir die Freude nehmen, ich möchte das Fest verschlafen, das sie für sich und nicht für Lore und mich veranstalten, ich möchte ihnen nicht vorsingen müssen und ihnen helfen, in Tränen auszubrechen. Aber Mutter ist schon im Zimmer, zieht die Rollläden hoch und ihre Unrast elektrisiert uns. Raus, ihr Siebenschläfer! Ihr

habt eine Menge zu tun. Ihr müsst einkaufen gehen und Bohumila das Weihnachtsgeschenk bringen. Wir werden von Befehlen, Anordnungen, Bitten, Zurufen in Bewegung gehalten, dürfen da nicht hinein, müssen dort die Augen schließen, gehen Großmutter auf die Nerven, sollen Tante Käthe in Frieden lassen.
Die Kartoffelsuppe, „jetzt-will-sie-keiner-mehr-gekocht-haben", um die wir uns mittags versammeln, schmeckt angebrannt. Die Frauen streiten sich, bis die Schüssel leer ist, Vater wortlos den Stuhl hinter sich schiebt und uns Kinder mit einem Kopfnicken auffordert, ihm zu folgen.
Er sagt: Es wird ihnen gar nicht auffallen, wenn wir verschwinden. Er hilft uns in die Mäntel, wickelt die Schals um unsere Hälse und wendet sich mit dieser ungewohnten Aufmerksamkeit gegen die Zerstörung, den Zwist. Wir wandern an seinen Händen durch die Stadt. Erst an dem Marcharm entlang, der hinter unserem Haus vorbeiführt, dann hinauf zu den beiden großen Plätzen, umkreisen die Dreifaltigkeitssäule und mehrfach das Rathaus, ziehen Spuren durch den Schnee, sehen zur Kunstuhr hoch, deren Erbauer, so erfuhr ich in der Schule, geblendet wurde, weil man ihn für einen Hexenmeister hielt, und beenden unseren Rundgang, wie ich es erwartet habe, im Café Rupprecht, in dem Vater Stammgast ist, wo er abends oft Billard spielt.
Wir sitzen zwischen alten Männern, schlürfen Tee,

ich spüre, dass ihnen meine Blicke lästig sind. Ich komme mir vor wie auf einem Schiff, auf dem man vergessen hat, dass Weihnachten ist.
Ein Herr tritt an unseren Tisch, fragt Vater, ob er auf eine Partie Billard Lust habe. Wir ziehen ihm nach, in den Raum, wo die drei Billardtsche stehen, setzen uns. Ich höre, wie die Kugeln aufeinanderprallen, träume vor mich hin, wünsche mir, dass die Ruhe bis zur Bescherung nicht gestört werde.
Als wir das Café verlassen, ist es dunkel. Schön, sagt Vater und saugt die kalte Luft hörbar ein. Sie werden uns sicher schon erwarten.
Wir werden tatsächlich erwartet, doch anders, als wir es erhoffen, mit einer Art Kriegsbericht, und erst allmählich verstehen wir, was für ein Unglück geschehen ist: Mutter habe den Gasofen anzünden wollen und er sei explodiert, eine Flamme sei aus der Röhre geschossen. Schaut sie euch an, die Haare versengt, Lider und Augenbrauen verbrannt. Schaut sie euch doch an, die Ärmste!
Mutter wird vorgeführt. Sie wehrt sich gegen den Jammer von Großmutter und Tante Käthe. Es ist nicht so schlimm, sagt sie. Ich möchte lachen, traue mich aber nicht.
Es wird Zeit, dass ihr euch umzieht, sagt Vater sehr ruhig. Die Bescherung ist auf acht angesetzt, schon wegen des Geigers. Ich kann ihn nicht warten lassen. Wir sollten also um sieben abendessen.

Wo sollen wir bleiben?, fragt Lore.
Geht ins Kinderzimmer und spielt, bis ihr gerufen werdet.
Wir setzen uns auf unsere Betten und warten im Dunkeln. Mutter holt uns. Sie hat sich umgezogen und hat neue Augenbrauen. Die hab ich mir angemalt.
Beim Abendessen führt Großmutter das Gespräch. Sie findet die Würstchen gut, lobt Mutter für den Kartoffelsalat, der durch eine winzige Prise Zucker erst delikat werde.
Plötzlich läuft sie blau an, greift sich mit der Hand an den Hals, ringt nach Luft.
Der Erstickungsanfall überrascht uns so, dass wir alle wie angenagelt sitzen.
Mutter ist die Erste, die etwas sagt: Sie hat sich verschluckt. Mein Gott!
Tut doch was, schreit Tante Käthe. Sie erstickt uns doch. Mein Gott!
Lore beginnt zu weinen. Ich möchte schon wieder lachen. Vater schüttelt den Kopf. Großmutter droht zu sterben. Sie verdreht die Augen, sodass man nur noch das Weiße sieht.
Vater steht auf, schlägt ihr mit einer ungeheuren Wut ein-, zweimal auf den Rücken. Es dröhnt, und plötzlich schießt, wie aus einem Kanonenlauf, ein Stück Wurst aus Großmutters Mund. Ächzend zieht sie die Luft ein.
Nein, sagt Mutter.

Vater zündet sich eine Zigarette an.
Lore weint.
Ich wage leise zu lachen und Tante Käthe stimmt laut ein.
Großmutter sagt: So schlimm hättest du ja auch nicht losdreschen müssen.
Obwohl Großmutter sich noch nicht erholt hat, weiter nach Luft ringt, drängt Vater, den Tisch abzuräumen. Der Geiger müsse gleich erscheinen. Er werde nach nebenan gehen und inzwischen die Kerzen am Baum anzünden.
Ich sitze auf meinem Stuhl und rühre mich nicht.
Du kannst doch wenigstens die Teller zusammenstellen. Mutter sieht mich vorwurfsvoll an. Sie merkt nicht, dass ich eigentlich gar nicht mehr vorhanden bin. Ich werde stumm sein. Stumm und taub. Ich werde die Geige nicht hören und keinen Ton herausbringen.
Gleich ist Bescherung!
Lore rennt hinter Mutter her, in die Küche, ich bleibe allein mit Großmutter, die sich nicht beruhigen kann, vor sich hin murmelt, seufzt, sich das Taschentuch vor den Mund hält, mit ihrem Schreck beschäftigt ist, während ich auf meinen warte.
Es klingelt. Es kann nur der Geiger sein. Großmutter ist, ohne dass es mir auffiel, aus dem Zimmer verschwunden. Ich könnte mich verstecken, hinterm Vorhang, unter der Couch. Aber ich sitze, starre auf

die Tür, die jetzt auch geöffnet wird, und Mutter sagt mit einer Stimme, die trösten will: Komm, wir warten schon alle auf dich.
Im dunklen Vorsaal steht der Musiker. Er hat die Geige aus dem Kasten genommen. Mutter schiebt mich auf ihn zu. Die Tür zum Speisezimmer wird aufgerissen. Ich sehe die Kerzen brennen, Vaters Schatten und stehe mit einem Mal vor allen anderen, die auf Stühlen Platz nehmen, wie im Theater, mich anglotzen, auffordernd anlächeln.
Ich höre den Geiger sagen: In der Reihenfolge, wie wir es besprochen haben, nicht wahr? Der Geiger klemmt sich sein Instrument unters Kinn, schiebt sich noch näher an mich heran, zählt leise: Eins, zwei, drei, und die Geige singt, während meinem Mund ein krächzender Laut entfährt, nicht mehr. Der Geiger bricht ab, sagt sehr ruhig: Wir fangen noch einmal an. Du musst wie ich dir erklärt hab, nicht laut singen, Bub. Nicht laut.
Ich halte mich an seinen Rat, bin erstaunt, dass ich ihm folgen kann, die Sätze nicht vergessen habe, flüstere einfach mit, schaue auf den Boden, höre jemanden seufzen, singe schneller, als die Geige es will und bekomme einen Stoß in die Seite: Nicht so rasch, Bub, singe mehr und mehr gegen die Musik, gegen die albernen Zuhörer, gegen Vaters Erwartung, renne zu Mutter hin und werfe mich auf sie, weine, schreie.

Es war doch zu viel für ihn. Mutter presst mich an sich.
Schade, sagt Vater, es hätte sehr feierlich sein können.
Der Geiger spielt nun allein weiter, ohne mich. Ich beginne, mein Gesicht gegen Mutters Brust gepresst, zuzuhören und verberge mich, auch nachdem er geendet hat, Vater ihn hinausbringt, Lore schon Geschenke auspackt.
Willst du dir deine Geschenke nicht ansehen, fragt Großmutter. Mutter lässt mich los. Es ist schon gut, sagt sie.
Ich kann mich nicht erinnern, was ich geschenkt bekommen habe, bis auf die alte Ausgabe des „Sigismund Rüsting", denn ich habe den ganzen Abend gelesen, mich gegen alle wehrend, die sich nun um mich bemühen, auch Vater, der sich für eine Weile neben mich setzt, nichts spricht, nur manchmal den Kopf schüttelt. Ehe er aufsteht und zu Großmutter geht, sagt er: Wir hätten uns vorher über alles unterhalten sollen.

Peter Härtling

Bratapfel mit Eierlikör

ZUTATEN

4 Äpfel
40 g Cranberries
4 EL Orangensaft
100 g Sahne
250 g Vanillejoghurt
1 P. Vanillezucker
8 cl Eierlikör
20 g Mandelblättchen

ZUBEREITUNG

Aus den Äpfeln das Kerngehäuse ausstechen. Apfelschalen längs einschneiden. Äpfel mit den Cranberries füllen, in eine Auflaufform setzen. Mit Orangensaft übergießen. Bei 200 °C 35–40 min backen. Sahne steif schlagen. Joghurt, Vanillezucker und Eierlikör verrühren. Sahne kurz unterheben. Mandeln ohne Fett kurz anrösten. Bratäpfel auf Tellern anrichten. Mit Sauce und Mandeln angerichtet servieren.

Der Bratapfel

Kinder, kommt und ratet,
was im Ofen bratet!
Hört, wie's knallt und zischt.
Bald wird er aufgetischt,
der Zipfel, der Zapfel,
der Kipfel, der Kapfel,
der gelbrote Apfel.

Kinder, lauft schneller,
holt einen Teller,
holt eine Gabel!
Für den Zipfel, den Zapfel
sperrt auf den Schnabel,
den Kipfel, den Kapfel,
den goldbraunen Apfel!

Sie pusten und prusten,
sie gucken und schlucken,
sie schnalzen und schmecken,
sie lecken und schlecken,
den Zipfel, den Zapfel,
den Kipfel, den Kapfel,
den knusprigen Apfel.

Fritz und Emily Koegel

Dattel-Walnuss-Konfekt

ZUTATEN

500 g feiner Zucker
500 g gemahlene Mandeln
100 ml Maraschino
rote und grüne Lebensmittelfarbe
40 Walnusshälften
20 Datteln, entsteint

ZUBEREITUNG

Zucker und 4 EL Waser in einem Topf zum Sieden bringen und 2 min köcheln. Topf vom Herd nehmen und die Mandeln einrühren. Eine Hälfte des Likörs mit roter, die andere Hälfte mit grüner Lebensmittelfarbe färben. Die Mandelmasse halbieren und je 50 ml Likör einarbeiten, bis die Masse gleichmäßig gefärbt ist. Die Mandelmasse zu kleinen Kugeln formen. Jede grüne Kugel mit zwei Walnusshälften zusammendrücken, jede rote in eine Dattel drücken. Jedes Konfekt in kleine Papiermanschetten setzen.

Gang über den Weihnachtsmarkt

Welch ein Gang war das, den ich mit dem tollen Karikaturenzeichner in der Dämmerung des Abends machte! In wie viel Keller- und andere Fenster musste der Mensch gucken; in wie viel kleine frostgerötete Hände, die sich an den Ecken und aus den Torwegen uns entgegenstreckten, ließ er seine Viergroschenstücke gleiten! Welch ein Gang war das! Die Geister, die den alten Scrooge des Meisters Boz über die Weihnachtswelt führten, hätten mich nicht besser leiten können als Herr Ulrich Strobel. Jetzt betrachteten wir die fantastische Ausstellung eines Ladens, jetzt die staunenden, verlangenden Gesichter davor; jetzt entdeckte Strobel eine neue Idee in der Anfertigung eines Spielzeugs, jetzt ich; es war wundervoll!

An der Ecke des Weihnachtsmarktes blieben wir stehen, in das fröhliche Getümmel, welches sich dort umhertrieb, hineinblickend. Im ununterbrochenen Zuge strömte das Volk an uns vorbei, Väter, auf jedem Arm und an jedem Rockschoß ein Kind; Handwerksgesellen mit dem Schatz, den sie aus der Küche der „Gnädigen" weggestohlen hatten; ehrliche, unbeschreiblich gutmütig und dumm lächelnde Infanteristen, feine, schmucke Garde-Schützen, schwere Dragoner und „klobige" Artillerie. Hier und da wandten sich junge Mädchen zierlich durch das

Getümmel; jedes Alter, jeder Stand waren vertreten, ja sogar die vornehmste Welt überschritt einmal ihre närrischen Grenzen und zeigte ihren Kindern die – Freude des Volks.

Der Zeichner war auf einmal sehr ernst geworden „Sehen Sie", sagte er, „da strömt die Quelle, aus welcher die Kinderwelt ihr erstes Christentum schöpft. Nicht dadurch, dass man ihnen von Gott und so weiter Unverständliches vorräsoniert, sie Bibel- oder Gesangbuchverse auswendig lernen lässt; nicht dadurch, dass man sie – womöglich in den Windeln – in die Kirche schleppt, legt man den Keim der wunderbaren Religion in ihre Herzen An das Gewühl vor den Buden, an den grünen funkelnden Tannenbaum knüpft das jung Gemüt seine ersten, wahren – und was mehr sagen will, wahrhaft kindlichen Begriffe davon!"

Ich wollte eben darauf etwas erwidern, als plötzlich eine Gestalt, in einen dunklen Mantel gehüllt, ein Kind auf dem Arme tragend, an uns vorbeischlüpfen wollte. Ein Strahl der nächsten Gaslaterne fiel auf ihr Gesicht, es war die kleine Tänzerin aus der Sperlingsgasse. Ich freute mich über die Begegnung und rief sie an: „Das ist prächtig, Fräulein Rosalie, dass wir Sie begleiten; denn um die Mysterien eines Weihnachtsmarktes zu durchdringen, ist es jedenfalls nötig, ein Kind bei sich zu haben." Die Tänzerin knickste und sagte: „O, Sie sind zu gütig, meine Herren; Alfred hat mir den ganzen Tag keine Ruhe gelassen, und da

kein Theater ist, so musste ich ihm doch die Herrlichkeit zeigen." – „Ja Mann", sagte Alfred unter einer dicken Pudelmütze gar verwegen hervorschauend, „mitgehen!"
Ich stellte der Tänzerin den Nachbar Zeichner vor, und das vierblättrige Kleeblatt war bald in der Stimmung, die ein Weihnachtsmarkt erfordert Was für ein Talent, Kinder vor Entzücken auBer sich zu bringen, entwickelte jetzt der Karikaturenzeichner Er hatte der Mutter den dicken Bengel sogleich abgenommen, ließ ihn nun gar nicht aus dem Aufkreischen herauskommen und schleppte ihn hoch auf der Schulter durch das Gewühl voran „O ich bin Ihnen so dankbar, so dankbar, Herr Wachholder", flüsterte die kleine Tänzerin, zu deren Beschützer ich mich sehr gravitätisch aufwarf „Liebes Kind", sagte ich, „ein paar solcher Junggesellen wie ich und mein Freund würden solche Abend wie diesen sehr übel zubringen, wenn nicht dann ausdrücklich eine Vorsehung über sie wachte. Sie sollen einmal sehen, wie prächtig wir heute abend noch Weihnachten feiern werden – hören Sie nur, wie Alfred jubelt; sehen Sie, wie stolz und glücklich er unter der Pickelhaube vorguckt, die ihm eben Herr Strobel übergestülpt hat!"
Der Karikaturenzeichner hätte sich in diesem Augenblick sehr gut selbst abkonterfeien können – er tat es auch, aber später. Wundervoll sah er aus. Im Knopfloch baumelte ein gewaltiger Hampelmann,

in der rechten Hand hatte er eine große Knarre, die er energisch schwenkte, während auf seinem linken Arm Alfred mit aller Macht auf eine Trommel paukte.
„Kleine Dame", sagte der Zeichner jetzt zu unserer Begleiterin, „stecken Sie mir doch einmal jene Tüte in die Rocktasche, ich komme nicht dazu. Heda, alter Wachholder", schrie er dann mich an, „gleiche ich nicht aufs Haar einer Kammerverhandlung? Rechts Knarre, links Getrommel und für das Fassen und Einsacken der begehrten Süßigkeiten weder Kraft noch Platz!"
„Mama, der Onkel aber mal rechter Onkel!", rief der Kleine entzückt von seiner Höhe herab, als Rosalie der Anforderung Strobels nachkam und ich ebenfalls die Tasche mit allerlei füllte.
So ging es weiter, bis uns endlich die Kälte zu heftig wurde. Der Zeichner löste sich auf – wie er's nannte – und überlieferte mir die spielzeugbehangene Linke, behielt jedoch die Knarre in der Rechten, und nun ging's durch die menschen- und lichterfüllten Straßen nach Hause. Wie glänzte heute Abend die alte dunkle Sperlingsgasse! Von den Kellern bis zum sechsten Stock, bis in die kleinste Dachstube war die Weihnachtszeit eingekehrt; freilich nicht allenthalben auf gleich „fröhliche, selige, gnadenbringende" Weise. Welch einen Abend feierten wir nun! Wir ließen unsere kleine Begleiterin natürlich nicht zu ihrem kalt gewordenen Stübchen hinaufsteigen War ich nicht

schon auf der Universität meines famosen Punschmachens wegen berühmt gewesen? (Eine Kunst, die mir mein Vater mit auf den Lebensweg gegeben hatte.) Der Karikaturenzeichner holte einen Tannenzweig, den er auf der Straße gefunden hatte, hervor und hielt ihn ans Licht.
„Das ist der wahre Weihnachtsduft“, sagte er, „und in Ermangelung eines Bessern muss man sich zu helfen wissen.“

Wilhelm Raabe

Glühwein

ZUTATEN

- 1 L Bordeaux
- 125 ml Wasser
- 60 g Zucker
- ¼ Stange Zimt
- 3 Gewürznelken
- 2 Scheiben Zitrone

ZUBEREITUNG

Alle Zutaten bis auf den Wein aufkochen, 30 min ziehen lassen und abseihen. Anschließend mit dem Bordeaux vermischen und sehr vorsichtig bis kurz vor den Siedepunkt erhitzen.

Der Weihnachtsmarkt

Zu den vielen ausgesuchtesten Rätseln der Natur gehören, wie man so um Michaelis herum jedesmal in den Zeitungen liest, die Wandervögel, welche schon lange vor der Erfindung des Kompasses schnurgerade nach den fremden Ländern fliegen, und bei den Schwalben trifft es ja auch auf Datum und Stunde zu. Unerklärlich ist mir allerdings, dass sie sämtlich auf einmal abziehen; aber warum sie sich überhaupt aufmachen, das kann einem einigermaßen anschlägigen Kopfe keineswegs unergründlich sein: ... sie gehen der Annehmlichkeit nach, da der Mensch sich genau ebenso verhält. Im Frühling, sobald der erste wärmende Sonntag lockt, wandert er in die Umgebung, am Karfreitag muss er nach dem Spandauer Bock, Pfingsten wandert er in den Grunewald, ein andermal wandert er nach Stralau oder Treptow, und sobald das Eis hält, ist die Rousseau-Insel im Tiergarten sein Wanderziel. Das liegt ihm so von klein auf in den Geh-Organen. Kommt nun aber die Weihnachtszeit, dann halten ihn keine vier Pferde, dann zieht es ihn mit unerklärlicher Gewalt nach dem Weihnachtsmarkt. Genau ebenso kann man es sich mit den Wandervögeln denken, obgleich der Weihnachtsmarkt nicht ausschließlich Annehmlichkeiten bietet, zumal wenn ein Tauwetter dazwischenfährt und man einen Rand am Zeuge mitbringt, als wäre man von höherer Gewalt durch den Glitsch gezogen. Wir hatten uns diesmal gemeinschaftlich mit Doktors, Onkel Fritz und Krauses verabredet, obgleich Doktoren wegen ihrer Praxis ziemlich unsichere Kantonisten sind, aber wir taten es hauptsächlich um Krauses willen, die der Aufheiterung bedurften, denn ihr Eduard hat ihnen zu viel Verdruss bereitet. Kann es auch wohl etwas Bitterlicheres geben, als wenn der Vater, der doch selbst Lehrer ist, seinen eigenen Jungen zu einem Kollegen schicken muss, damit er bei dem seine Schularbeiten macht, was Eduard zu Hause nicht einfiel? I bewahre! Anstatt Lateinisch zu lernen, war er ausgerückt und hatte mit den Jungens Räuber und Soldat im Friedrichshain gespielt oder war auf der Straße umhergestrolcht, und wenn er eingesperrt wurde, hatte er mit der Lampe gekokelt, dass es leicht hätte Brandstiftung geben können. Und wenn sie glaubten, dass er wirklich fleißig sei, weil er sich still und ruhig verhielt, dann hatte er einen heimlichen Robinson oder sonst ein Geschichtenbuch bei sich gehabt, und seine Aufgaben bestanden aus Fehlern und Tintenklecksen. Unbegreiflich war nur, dass die Mutter den Jungen immer noch in Schutz nahm. Wollte sie denn nicht sehen, dass er die ersten Kinderschuhe bereits ausgetreten hatte und kein Samtkittelchen und keine weißen Höschen mehr trug? „Es ist unrecht, das Kind mit so schweren Arbeiten zu quälen", sagte sie, sogar wenn der Junge dabei war. Eduard brauchte nur zu gnauen, das Lateinische mache ihm Kopfweh, dann kajolierte sie ihn und sagte: „Papa wird dir einen Entschuldigungszettel schreiben, dass dir nicht ganz gut war, mein Engel", worauf Edechen in den Wiegestuhl kroch und sich schunkelte, um die Zeit doch nur irgendwomit zu vertreiben. Herr Krause durfte natürlich keine Einwendungen machen, denn sie hatte sofort die Überbürdung der Schuljugend auf dem Tapet, und er musste schweigen wie ein schlecht geputzter Rekrut. Solche Jammerbolle von Mann!

Etwas Zerstreuung und Erheiterung war Krauses daher mehr als paßlich und eine Weihnachtswan-

derung ihnen sehr willkommen. Wir erwarteten sie zu um sechsen bei uns, wie verabredet worden war, aber sie kamen erst um halb sieben. Die Krausen entschuldigte sich damit, sie hatte bemerkt, dass ihr japanisches Tablett weg wäre, und das hätte sie erst gesucht, ohne es jedoch finden zu können. Ich sagte, so etwas verkröche sich manchmal oder verstecke sich hinter ein Möbel, es würde sich schon morgen oder sonst gelegentlich wieder angeben. Es fand sich auch an, aber anders, als wir gedacht hatten, und, wie ich sagen muss, in niederschmetternder Weise. Doch alles zu seiner Zeit. –
Wir zögerten nun nicht lange, als wir komplett waren, und wanderten dem Schlossplatz zu, denn da ist doch der Hauptmarkt; indessen, wir kamen nur langsam vorwärts, teils wegen der Menschenmenge auf der Straße, teils wegen der Läden, die betrachtet werden sollten. Einer machte den anderen auf das aufmerksam, was ihm am besten gefiel. – „Nein, sieh bloß dies hier!" – „Oh, das mochte ich haben" – Seht doch nur, wie prachtvoll!" – Und so ging es in einer Tour. Mancher Laden überbot sich auch wirklich selbst. In einem hatten sie sogar eine stilvolle Burg aus lauter Pfefferkuchen aufgebaut mit gleichfalls stilvollen Pflaumenmännern als Ritter. Und nun erst die Stoff- und Porzellangeschäfte, die Bronzeläden und Seidenwarenhandlungen: alle miteinander hatten sich geputzt, indem sie das Feinste zum Vor-

schein brachten. Es ist alles prunkhaft um diese Zeit, als wenn Illumination wäre, sämtliche Gasflammen und Lampen, die nur brennen können, haben sie im Gange, und was irgend glitzert und blänkert, liegt in den Schaufenstern aus: Man kann eben nicht vorbeikommen: Da wird immer so viel von den Schätzen des Orients geredet und von den Basaren, die sie dort haben. Was will das sagen? Vor Weihnachten ist das ganze Berlin mit seinen stundenlangen, gasstrahlenden Straßen ein einziger, ungeheuerer Basar. Zwischen all dieser neuen Pracht liegt der Weihnachtsmarkt, wie die gute alte Zeit. So war es damals, als meine Eltern mich das erste Mal mitnahmen, und so ist es geblieben bis auf den heutigen Tag. Das sind dieselben schmalen, langen Budenreihen; dieselben Spielsachen liegen aus, die Verkäufer haben ebenso rot gefrorene Nasen und ebensolche warme Kappen auf wie damals, und die Kinder mit den Dreierschäfken, den Sägemännern, Waldteufeln, Hampelmännern und womit sie sonst ihr kleines Handelsgeschäftchen betreiben, haben noch ebensolche dünnen Stimmen wie damals. Und wie balsamisch duften die dunklen Tannenbaume, von denen ganze Wälder umherstehen, dazu die maigrünen Pergamiten, aufgeputzt mit buntem Flitter und besteckt mit Lichtern. Und wie anheimelnd riecht es nach frischen Pfannkuchen und Schmalzgebackenem! Und die vielen Menschen, groß und klein, ergötzen sich, als hätten sie solche Herrlichkeiten nie zuvor gesehen, und bewundern aufs Neue, was sie eigentlich doch schon kennen sollten. Die Spaßvögel kommen noch immer aus demselben Neste, sie sind rot und gelb und grün gemalt, mit einer Feder auf dem Kopf, und wenn an der Strippe gezogen wird, klappen sie ebenso zusammen wie in all den Jahren. Dazu wird immer noch gerufen: „Vorne nickt er, hinten pickt er, nur einen Groschen der schöne Spaßvogel. Kaufen Sie, Madameken, es ist der letzte!" Das klingt so vertraut, wie aus der fernen Jugendzeit. – Mein alter lieber Weihnachtsmarkt! –

Was von jeher einen unbeschreiblichen Eindruck auf mich machte, das ist das ernste, schweigende Königsschloss, welches wie ein Riese die Zwergenzelte des Marktes überragt.

Da summt es von Menschengewirr, da schimmert es rötlich von Tausenden Lichtlein um das stille, dunkle Schloss herum, als wenn die kribbelnde, wibbelnde Gegenwart keinen geschützteren Platz finden könnte als bei der unverrückbaren Vergangenheit ...

Wir waren jedoch auf den Markt gezogen, um nützliche Sachen einzukaufen. Die Handelsleute wollen ihre Ware absetzen, deshalb kommen sie von nah und fern, und gerade für den Hausstand wird Brauchbares in großer Auswahl feilgeboten. Wir verteilten uns daher und gingen an das Geschäftliche.

Derweile ich und Emmi eine Reibesatte einhandelten, die ihr so notgedrungen fehlt und die das Erbspüree, an dem der Doktor sich so gern donnerstags mit Eisbein labt, doch bedeutend erleichtert, ging Onkel Fritz an eine Bude und kaufte Honigkuchen mit Inschriften ein, um sie uns zu verehren; aber er hätte es lieber unterlassen sollen, denn auf meinem stand: „Olle, brumme nicht!“ – und auf Emmis: „Ewig will ich an dir kleben, Klacks!“ Der Doktor steckte den ihm gespendeten errötend in den Paletot.

„Fritz“, sagte ich mit einem Anhauch von Missmut, „ich kann nicht behaupten, dass mir diese Zuckerguss-Poesie behagt.“ – „Dann kratze sie ab“, erwiderte er, „und lasse dir einen frischen Vers von Leuenfels darauf dichten. Dem Kuchen schadet das nicht.“ – Er ist eben unverbesserlich.

Nun wollten wir noch nach der Breitenstraße und Rudolph Hertzogs Auslage betrachten, einmal weil sie das Glanzvollste ist, was man beaugenscheinen kann, und zweitens, weil mein Karl einzelne Fantasie-Artikel für dies immense Geschäft lieferte, die er extrafein weben lässt; aber so gut der Gedanke war, das Hinkommen hatte seine Schwierigkeit, denn solche Drängelbergerei wie an der Ecke vom Schlossplatz und der Breitenstraße gibt es nirgends. Aber wir kamen durch, weil der Berliner bei derartigem Festgedränge stets zur rechten Seite geht und nur der Fremdling gegen den Strom will, bis ihm einer zuruft: „Sie da mit's Jesichte, halten Sie sich rechts, sonst werden Ihnen die Plätteisen abjetreten!" Das hilft prompt.

Als wir frei aufatmen konnten und uns in unterdrücktem Zustande wieder vorfanden, mussten wir eine lange Reihe von kleinen Verkäufern passieren. „Hier wird gekauft", sagte Onkel Fritz, „ich gebrauche allerlei, und ihr werdet auch gewiss in eurer Nachbarschaft Leute kennen, die wohl Kinder, aber sonst nichts übrig haben. Denkt nur nach." – Und merkwürdig, jeder von uns konnte sich besinnen. Wie das Geschäft blühte, als wir alle miteinander in die Portemonnaies griffen, das war vergnüglich. Onkel Fritz ramschte gleich ganze Reste, und ein Junge schrie: „Hurra, reeller Ausverkauf – wird meine Mutter aberscht kieken!" – Und fort rannte er. Für die paar Nickel solche Freude!

Aber noch ein Junge rannte fort, und die Krausen stand da, mit einem japanischen Tablett in der Hand, sprachlos und entsetzt, wie eine versteinerte Salzstange. Herr Krause rannte ebenfalls davon, hinter dem Ausreißer drein. „Liebe!", rief ich. „Was ist Ihnen, was bedeutet das?" – „Unser Tablett", stöhnte sie. „Oh, Eduard!" – Sie wankte. Onkel Fritz sprang ihr bei und gab ihr seinen Arm, indem er sagte: „Kommen Sie nur zu sich und nehmen Sie die Sache von der heiteren Seite." Das tat sie aber nicht, sondern zog das Taschentuch und machte eine hysterische Szene. Mittlerweile erschien Herr Krause wieder. „Er ist entwischt", rief er zornig. – „Wer?", fragte ich. – „Eduard", stieß er hervor, „der Junge! Zigarren hat er mir ausgeführt und verkauft sie hier auf dem Weihnachtsmarkt. Auch das Tablett hat er genommen, Löcher hineingebohrt ... Schnur durchgezogen ... sich umgehängt. Steht hier mitten zwischen den armen Kindern. Wie ich ihn erblicke und glaube, ich fasse ihn schon ... er den Kopf aus der Schlinge gezogen und fort. Die Polizei soll ihn verhaften." – „Wie kannst du so unmenschlich sein?", fing nun die Krausen an. „Komm, lass uns nach Hause gehen, er wird sich gewiss ängstigen." – „Nein", sagte Herr Krause, „ich bleibe, ich würde zu strenge mit ihm ins Gericht gehen. Morgen früh soll er seinen Lohn haben." – „Du wirst ihn doch nicht schlagen?", jammerte die Krausen. – „Ich werde ihm verkünden", erwiderte Herr Krause weicher, „dass er jeden Tag eine Strafarbeit zu liefern hat und", fügte er mit wehmutsverquollener Stimme hinzu, „dass er nichts zu Weihnachten bekommt." – „Aber doch einen Baum?", schrie sie. – „Keinen Baum", seufzte Herr Krause.

„Wenn das Wort 'ne Brücke wäre, ich ginge nicht darüber", flüsterte mein Karl mir zu.

„In drei Tagen ist alles vergessen", antwortete ich, „er müsste meiner Meinung nach den Bengel so verbimsen, dass nur noch die Knopflöcher von seiner Jacke zu gebrauchen wären, sonst wird aus dem nie etwas Vernünftiges." – Ich bin prinzipiell gegen jegliche

Prügelstrafe, weil sie unaufgeklärt und inhuman ist, aber Keile muss sein. –
Für die Besichtigung der übrigen Weihnachtsherrlichkeiten, die aus den Fenstern der Läden leuchteten, war kein rechtes Interesse nach diesem Ereignis mehr vorhanden, und so folgten wir denn Onkel Fritz, der uns Revanchierens halber nach Dressel eingeladen hatte, da er in seiner eigenen Wohnung nicht auf Gegenseitigkeitsgesellschaften eingerichtet ist.
Wir hätten sehr amüsant zusammen sein können, wenn Krauses nicht in zu großer Zerknirschung gewesen waren: er mit den Zornfalten vor dem Kopf und sie mit dem verruinierten Tablett und ziemlich verweint. Onkel Fritz hatte mit Dresseln ein opulentes Abendbrot mit verschiedenen Seltenheiten abgekartet, die sich in die einfache bürgerliche Küche nicht hineinverirrten. Er kann es ja, da sein Geschäft flotter geht als zu irgendeiner Zeit und er von Hause aus spendabel veranlagt ist.
Onkel Fritz konnte deshalb nicht umhin, auszurufen: „Herr Jott, sind wir vergnügt und haben es gar nicht nötig!"
Zum Schluss stießen wir darauf an, im nächsten Jahre wieder eine Weihnachtswanderung zu unternehmen …

Julius Stinde

Gänsebraten

ZUTATEN

1 Gans (3 kg)
200 g Camembert
200 g gekochter Reis
1,2 kg helle Trauben
1 Zwiebel
4 Scheiben Schinkenspeck
Salz
Pfeffer
50 g Butter
800 ml Brühe
4EL Cognac
50 g Walnüsse

ZUBEREITUNG

Gans mit Salz und Pfeffer abreiben. Käse würfeln. Reis, Zwiebelwürfel, Käse, gehackte Nüsse zur glatten Masse verrühren. Etwas 500 g halbierte Trauben hinzufügen. Würzen. Gans damit füllen, Öffnung zunähen, im Bräter mit Butter bepinseln, mit Schinkenspeck belegen. Im Ofen bei 200°C 20 min braten. Bei 160 °C 1 h weiterbraten. Zwischendurch Brühe angießen. Die letzten 10 min den Speck entfernen. Restliche Trauben passieren. Den Saft mit Brühe einkochen lassen. Mit Sahne binden. Mit Salz, Pfeffer und Cognac abschmecken.

Tipps für das Weihnachtsmenü

Sie haben für das große Weihnachtsmenü schon disponiert? Verwenden Sie eigentlich die eigenen Tische und Stühle? Das ist – pardon! – ein wenig armselig, denn der stilsichere Festesfreund lässt sich neuerdings Tische und Stühle liefern, die in „Satin verpackt" und „mit Schleifen versehen" sind. Der Prospekt, aus dem ich zitiere, liegt vor mir.
Sie beginnen das Festmahl zur allgemeinen Überraschung mit einer Gänseleberterrine oder -pastete? Dann genießen Sie diese, haben Sie in keinem Fall ein schlechtes Gewissen. Wir können davon ausgehen, dass der Schweineanteil an Ihrer Gansvorspeise groß genug ist, um Sie dem Gänseschützer gegenüber zu entlasten. Preislich können Sie die Sache natürlich abschwächen – über „Ente" bis hinunter am „Geflügel" im Allgemeinen. Eine Geflügelleberterrine isst man sicherlich mit einer gewissen Spannung, denn da weiß der Produzent wohl auch nicht mehr genau, was drin ist. (Ein heißer Tipp für den Snob: Servieren Sie einen Geflügelleberaufstrich aus schierer Gänseleber und bestreiten Sie das. Sie sind noch nicht so weit? Wird schon werden.)
Als zweiter Gang ist der Lachs – graved oder geräuchert – das Originellste. Das bietet außer Ihnen kaum jemand! Sie können die Freude an diesem raren Ge-

nuss steigern, indem Sie Ihrer Weihnachtsgesellschaft bekannt geben, die Lachszüchter säßen alle schon im Gefängnis, würde man ihren Futtermethoden annähernd so viel Aufmerksamkeit schenken wie jenen der Kalbszüchter. Sollte Ihnen schon gedämmert haben, der Lachs sei die Zucht der Neunzigerjahre, kaufen Sie den Ihren auf Servierbrett aus edelstem Holz, in Fischform, Kopf und Schwanz aus Silber. Wenn Ihre Barschaft aber nur zum Lachsersatz reicht, kränken Sie sich nicht, der Lachs selbst ist im Grunde schon ein solcher.

Sind Sie an Fischsuppe interessiert? Es gibt so gut wie alles, entschalt und ausgelöst, den Fischfond nehmen Sie in jedem Fall aus der Dose, wer wird sich denn wegen dieses Weihnachtsfestes nicht nur die Finger, sondern auch die ganze Wohnung verstinken?

Den Hauptgang selbst zu kochen riskiert der aufgeklärte Gourmet nicht und schon gar nicht dessen weibliches Pendant. Mein Tipp sind „entbeinte Wachteln", sie werden Ihnen laut Katalog einzeln, in Kartons, mit Trockeneis tiefgefroren, vom Schlemmerversand per Eilpost ins Haus geschickt. Akzeptieren Sie die angebotene Farce als Fülle – Sie werden es nicht glauben: Geflügelleber mit Champignons! –, ist der Schmaus in 45 Minuten fertig. Haben Sie Ambitionen als kreativer Koch, können Sie die Wachteln auch selbst füllen, etwa mit weißer und brauner Schokola-

denmousse. Das machen Sie natürlich nur, wenn Sie als Dessert alle Früchte vorgesehen haben, die es um diese Jahreszeit nicht einmal auf der anderen Seite des Erdballs, sondern ausschließlich in Treibhäusern gibt.
Der krönende Abschluss des gelungenen Festmahls wird sein, wenn Sie zum hochveredelten Kaffee über die liebe, aber sonderliche Großtante in Gelächter ausbrechen, die Ihnen wirklich und wahrhaftig, wie schon seit vielen Jahren, selbst gebackene Kekse angeboten hat.
Diese alten Frauen lernen einfach nicht mehr, wie man feiert.

Werner Schneyder

Gänsekeulen aus dem Ofen

ZUTATEN

125 g Möhren
125 g Knollensellerie
125 g Zwiebeln
4 Gänsekeulen
1 TL Lebkuchengewürz
Salz
Pfeffer
400 ml Fleischbrühe
400 ml Rotwein
dunkler Saucenbinder

ZUBEREITUNG

Möhren, Sellerie und Zwiebeln in Würfel schneiden und in der Fettpfanne des Ofens verteilen. Die Haut der Keulen mehrfach einschneiden, rundum mit Lebkuchengewürz, Salz und Pfeffer würzen. Keulen im Ofen bei 180 Grad etwa 120 min garen. Nach 30 min Brühe und Wein zum Gemüse gießen. Keulen auf einem Blech im ausgeschalteten Ofen ruhen lassen. Röststoffe von der Fettpfanne lösen. Sauce durch ein Sieb gießen, Fett abschöpfen und die Sauce mit Saucenbinder andicken.

Weihnachten ist eine schöne Zeit

So schlecht gelaunt wie am Heiligen Abend war Pfarrer Siebelbeck das ganze Jahr über nicht. Frau Siebelbeck und die vier Kinder wussten das und gingen ihm, so weit möglich, aus dem Weg.

„Über fünfhundert Menschen werden heute abend im Gottesdienst sein!", tobte der Pfarrer, als er seine Frau doch einmal am Kochherd erwischte. „Und warum kommen sie alle? Weil sie irgendeine obskure Stimmung suchen, die mit Christentum nicht das Geringste zu tun hat. Gewöhnlich sind maximal dreißig Menschen im Gottesdienst. Verstehst du, Annegret, dass ich mich ärgere? Ich bin schließlich Pfarrer und kein Stimmungsmacher!"

Annegret, seine Frau, nickte. Natürlich verstand sie ihn, aber helfen konnte sie ihm auch nicht. Wütend schmiss ihr Mann die Küchentür hinter sich zu, denn er fühlte sich trotz des Nickens seiner Frau unverstanden.

Mit betont schweren Schritten stampfte er in sein Arbeitszimmer und warf sich dort in einen Sessel. „Wer zur Kirche kommt, soll Interesse an Gottes Wort haben oder zu Hause bleiben", sagte er drohend zu seinem Schreibtisch. Verärgert starrte er lange Zeit den stummen Schreibtisch an.

Plötzlich sprang er auf und rief: „Heute abend werde ich sie für alle Zeiten vergraulen!" Seine Laune wurde wesentlich besser, als er sich mit diesem Vorsatz an die Predigt setzte.

Am Abend brannten die Kerzen am Weihnachtsbaum in der Kirche wie immer. Eine riesige Menschenmenge sah wie immer verträumt in den hellen Lichterglanz und wartete, dass die Predigt beginnen und möglichst bald wieder enden sollte. Pfarrer Siebelbeck betrat die Kanzel. Ein schadenfrohes Grinsen verbarg er tief in seinem Inneren.

Und dann wetterte er zwanzig Minuten über all die Menschen, die sich einmal im Jahr am Heiligen Abend in der Kirche blicken ließen, um sich ihre Weihnachtsstimmung anheizen zu lassen. Die Menschen in der Kirche hörten schweigend und ergriffen zu.

„Das hat gesessen!", dachte Pfarrer Siebelbeck, als er von der Kanzel stieg. „Die kommen nicht wieder!"

Er sang am lautesten das Lied zum Schluss des Gottesdienstes mit: „Oh du fröh-li-che-he …" Leider wurde der Pfarrer bitter enttäuscht. Im nächsten Jahr am Heiligen Abend war die Kirche wieder brechend voll.

Mit heiligem Zorn betrat er die Kanzel, warf seine vorbereitete Predigt auf den Boden und predigte aus dem Stegreif. Vom Konsumrausch donnerte er machtvolle Worte auf die Köpfe der zahlreichen Zuhörer herunter. Vom daher untergegangenen Sinn des Weihnachtsfestes. Von der Gleichgültigkeit der Menschen für die Geburt Jesu.

Wieder hörten die Menschen schweigend und ergriffen zu.

„Denen werde ich es zeigen!", dachte Pfarrer Siebelbeck und flüsterte dem Organisten im Vorbeigehen zu, dass er „Stille Nacht …" vom Programm streichen sollte.

Bei der Weihnachtsgans zu Hause rieb er sich die Hände: „Das hat gesessen!", lachte er im tiefsten Bass. „Du wirst sehen, liebe Annegret, nächstes Jahr kommen nur die wirklich Interessierten." Annegret hoffte es für ihren Mann, glaubte aber nicht daran. Sie sollte recht behalten. Wieder war die Kirche brechend voll am Heiligen Abend. Angstvoll sah sie, wie ihr Mann mit unheilvoller Miene die Kanzel bestieg. Was trug er denn da unter seinem Arm? Das war doch nicht die Bibel, das war doch …

Und schon schlug Pfarrer Siebelbeck den Kaufhauskatalog auf, lehnte sich lässig über den Rand der Kanzel und begann, zwanzig Minuten daraus vorzulesen. Die Menschen hörten schweigend und ergriffen zu, und ob sie es bemerkten, dass dieses Jahr auch „Oh du fröhliche …" vom Programm gestrichen wurde, war Annegret Siebelbeck die große Frage.

Im nächsten Jahr hatte sie schon mittags ein ungutes Gefühl und ging, auf dieses Gefühl vertrauend, rasch einmal in die Kirche.

„Hier bin ich", schrie ihr Mann vergnügt aus schwindelnden Höhen zu ihr herunter. Er stand auf einer riesigen Leiter, hantierte mit dem Handbohrer am Kirchendach und schien vergessen zu haben, dass er nicht schwindelfrei war.

„Was machst du da?", rief Annegret voller Angst nach oben. „Das wird sie alle vertreiben!", hallte es von oben durch den leeren Kirchenraum. „Wenn mein

Gebet erhört wird und der Wetterbericht stimmt, regnet es heute abend, und dann …"
Am Abend war die Kirche bis auf den letzten Platz besetzt wie immer am Heiligen Abend. Beim stimmungsvollen Vorspiel des Organisten wurde das Gebet des Pfarrers erhört, und es begann draußen zu schütten.
„Das Kirchendach muss repariert werden", meinte ein Presbyter und spannte ungeniert seinen Schirm auf. Andere taten es ihm nach.
Der Predigt lauschten alle schweigend und ergriffen. Keiner verließ die Kirche vorzeitig. Pfarrer Siebelbeck versuchte es noch mehrere Male: Für teures Geld bestellte er drei Geiger, die im Heiligenabendgottesdienst schaurige Weisen kratzten, er hielt eine dreistündige Predigt, er erschien auf der Kanzel im Kostüm des Weihnachtsmannes.
Umsonst, die Kirche blieb brechend voll, die Menge hörte schweigend und ergriffen zu.
„Mach es doch einmal anders herum", sagte sein Sohn eines Tages zu ihm. „Lass doch jeden Sonntag Weihnachten sein."
„Kindermund!", sprach Pfarrer Siebelbeck und drückte seinem erstaunten Sohn die Hand. „Wenn wir nicht werden wie die Kindlein …", flötete er ungewohnt heiter seiner vorbeihuschenden Gattin zu, ging in sein Arbeitszimmer und bereitete alles Notwendige vor.

Am nächsten Sonntag stand ein riesiger Tannenbaum in der Kirche, Weihnachtskerzen erstrahlten, und, wie erwartet, waren alle Plätze besetzt. Draußen blühten die ersten Tulpen, und in den Geschäften lagen Ostereier im Schaufenster. Die Menschenmenge in der Kirche aber hörte schweigend und ergriffen Pfarrer Siebelbecks Weihnachtspredigt zu. Der Sommer zog ins Land, aber das hielt keinen der großen Weihnachtsgemeinde davon ab, am Sonntag in den Weihnachtsgottesdienst zu eilen.
Dort wurden auch längst schon wieder die alten schönen Weihnachtslieder gesungen und ernsthafte Predigten gehalten. Kaufhauskataloge, kratzende Geiger und Weihnachtsmannkostüme hatte Pfarrer Siebelbeck nicht mehr nötig. Das Kirchendach war auch wieder repariert worden. Über ein Jahr lang gab es keine leeren Bankreihen mehr, denn jeden Sonntag wurde Weihnachten gefeiert.
Leider machte das Landeskirchenamt diesem doch recht positiven Zustand ein jähes Ende. „Die Rechnungen für Kerzen und Tannenbäume übersteigen die finanziellen Verhältnisse der Landeskirche." So teilte man es eines Tages Pfarrer Siebelbeck trocken mit.
„Typisch!", sagte der verbittert zu seiner Frau. „Etwas anderes interessiert da oben natürlich nicht. Am Geld soll es scheitern, lächerlich!"
Frau Siebelbeck, die gern einmal in eine andere

Gegend ziehen wollte, schlug ihrem Mann vor, die Landeskirche zu wechseln. „Du meine Martha-und Maria-in-einem!“, rief er und umarmte sie stürmisch. In der neuen Landeskirche feierte Pfarrer Siebelbeck wieder über ein Jahr lang jeden Sonntag Weihnachten. Eine riesige Menschenmenge kam regelmäßig, betrachtete sinnend den Lichterglanz am Weihnachtsbaum und hörte schweigend und ergriffen der Predigt zu.

Leider wurden auch diesem Landeskirchenamt die Rechnungen für Kerzen und Tannenbäume zu hoch. Siebelbecks packten die Koffer und zogen wieder um. Bei der Fahrt in die neue Heimat rechnete Annegret heimlich aus: Sechzehn Landeskirchen gab es in der Bundesrepublik, zwei konnte sie abhaken, also würden sie noch vierzehnmal umziehen. Danach kämen noch die Auslandspfarrstellen in Betracht, nun, und dann würde ihr Mann ohnehin pensioniert.

„Stil-hi-le Nacht ...“, sang Pfarrer Siebelbeck in der neuen Landeskirche, nachdem die Menschenmenge schweigend und ergriffen seiner Predigt gelauscht hatte.

Er sah vom Gesangbuch auf, denn mittlerweile konnte er dieses schöne, alte Weihnachtslied auswendig. „Ein prächtiger, großer Dom!“, dachte er, als er sich umschaute und dabei seinem Küster zunickte. Der hatte gestern zu ihm gesagt: „Tausend Sitzplätze. Leider sind die nur zu Weihnachten alle besetzt.“

Pfarrer Siebelbeck hatte natürlich nichts verraten und sich vorhin an der Überraschung des Küsters geweidet, als trotz dreißig Grad im Schatten draußen fast tausend Gottesdienstbesucher herbeiströmten.
„... alles schläft, einsam wacht ..."
„Frohe Weihnachten!", wünschte der Küster, als er in die Sakristei kam, wo Pfarrer und Presbyter einmütig die Kollekte zählten.
„Frohe Weihnachten!", schrie der Kirchmeister fröhlich. „Über tausend DM Kollekte! Und gestern habe ich in meinem Lebensmittelgeschäft über zweihundert Gänse verkauft. Es lebe unser neuer Pfarrer!"
„Über zweihundert Gänse verkauft?", Pfarrer Siebelbeck schüttelte den Kopf, er konnte keinen Zusammenhang zu seiner eben gehaltenen Weihnachtspredigt entdecken.

Ulrike Piechota

Karpfen im Schwarzbier

ZUTATEN

1 mittlerer Karpfen
1 Flasche Schwarzbier
1 Zwiebel
1 Lorbeerblatt
2 Nelken, Pfefferkörner
1 St. Würfelzucker, Salz, Pfeffer
abger. Zitronenschale
1 TL Butter
2 EL Mehl

ZUBEREITUNG

Karpfen in Portionen geteilt in eine Kasserolle legen. Bier und Wasser zu gleichen Teilen aufgießen, dass der Fisch knapp bedeckt ist. Zwiebel, Lorbeerblatt, Nelken, Pfefferkörner, Zucker, Salz und Zitronenschale zugeben und 20 min kochen lassen. Fisch herausnehmen, warmstellen. Sud durch ein Sieb gießen. Butter und Mehl verkneten, in den heißen Sud rühren und damit binden. Mit Salz und Pfeffer abschmecken. Fisch in der Sauce anrichten. Dazu Salzkartoffeln reichen.

Der Christabend – eine Familiengeschichte

Bei Oberstaatsanwalt Saltenberger hatten sie drei Töchter, Emerentia, Rosalie und Marie.
Alle im höchsten Grade fähig und entschlossen, dem ledigen Stande zu entsagen.
Das herannahende Weihnachtsfest brachte die geliebten Eltern auf den Gedanken, dass sie ihre Kinder am besten mit Männern bescheren würden, und sie überlegten lange, wie dieses zu ermöglichen wäre.
Mama Saltenberger meinte, ihr Mann sollte seine hervorragende Beamtenstellung in die Waagschale werfen und jüngere Kollegen durch die Macht seines Ansehens an ihre staatsbürgerlichen Pflichten erinnern. Saltenberger war nicht prinzipiell abgeneigt, aber er betonte, dass dieser Einfluss nur in ganz familiären Grenzen ausgeübt werden dürfe und dass man in der Wahl der Objekte sehr vorsichtig sein müsse. In geheimer Beratung wurde zur engeren Wahl der zukünftigen Familienmitglieder geschritten.
Beide Eheleute einigten sich zunächst auf Karl Mollwinkler, zweiter Staatsanwalt. Er war ziemlich abgelebt, und sein kränklicher Zustand ließ hoffen, dass er sich nach der Pflege einer geliebten Frau sehne.

Als zweiter ging Sebald Schneidler, königlicher Landgerichtssekretär, durch. Nicht ohne Widerspruch. Frau Saltenberger fand die Stellung denn doch etwas subaltern. Ihr Mann hatte Mühe, sie zu überzeugen, dass die gegenwärtige Zeitrichtung die Standesunterschiede einigermaßen nivelliert habe und dass speziell in Heiratsfragen eine zu strenge Auffassung von Übel sei. Schließlich kam man dahin überein, dass Schneidler sich in Anbetracht seiner sozialen Verhältnisse mit der ältesten Tochter, der vierunddreißigjährigen Emerentia, zu begnügen habe.
Die Aufstellung des dritten Kandidaten bereitete Schwierigkeiten. Unter den Juristen fand sich trotz solgfältigster Prüfung keiner mehr, der des Vertrauens würdig gewesen wäre. Man musste wohl oder übel in eine andere Sparte hinübergreifen.
Aber auch da zeigten sich überall unüberwindliche Schwierigkeiten, und schon wollte der Oberstaatsanwalt an der gestellten Aufgabe verzweifeln, als im letzten Moment Frau Saltenberger den rettenden Gedanken fasste.
„Weißt du was, Andreas", sagte sie, „wir nehmen einfach einen von der Post. Da sind die meisten Chancen, denn fast alle Verlobungen, welche man an Weihnachten in der Zeitung liest, gehen von Postadjunkten aus." Dieses leuchtete ihrem Manne ein, und er gab seine Zustimmung zur Wahl des Postadjunkten Jakob Geiger. Somit war die Sache gediehen;

es galt nunmehr, die zur Bescherung Vorgemerkten unter die drei Töchter zu verteilen.
Und das war das Schwierigste.
Der Friede wich aus dem Hause des Oberstaatsanwalts Saltenberger.
Emerentia brach in Tränen aus, als die Eltern von dem Plane sprachen; sie sei immer das Stiefkind gewesen, die anderen Fratzen habe man verhätschelt und verzogen, nur sie sei misshandelt worden, und jetzt solle sie sich mit einem Sekretär begnügen.
Vielleicht müsse sie noch Komplimente machen vor dem ekelhaften Ding, der Rosalie, die man natürlich zur Frau Staatsanwalt nehme, obwohl sie die Dümmste von allen sei. Aber nein! Nein! Und nein! Da kenne man sie schlecht. Sie lasse nicht auf sich herumtrampeln, und lieber verhindere sie den Plan, sodass gar keine einen Mann erwische, als dass sie sich mit dem Affen von einem Sekretär abfinden lasse.
Ihr Widerstand war leidenschaftlich, aber nicht schlimmer als derjenige von Marie, welcher man den Postadjunkten zugedacht hatte. Sie war die Jüngste und durfte billig annehmen, dass sie auf dem Heiratsmarkte die besten Preise erzielen könne. Allerdings schielte sie, aber sie sagte sich, dass ein verständiger Mann solche Kleinigkeiten nicht beachte.
Zudem, lieber schielen, als einen Kropf haben, wie Emerentia, oder schlechte Zähne, wie Rosalie.
Papa Saltenberger hatte böse Tage; während er auf

dem Büro weilte, sammelte sich daheim eine unglaubliche Menge Sprengstoff an, welcher regelmäßig beim Mittagstisch explodierte.

So ging das nicht. Die Eltern beschlossen, die drei Herren als Ganzes zu bescheren Und die Wahl den Kindern zu überlassen. Auf diese Weise hatten wenigstens sie Ruhe gefunden, wenngleich der Krieg unter den Schwestern fortdauerte. Emerentia stickte in heimlicher Abgeschlossenheit au einem Paar Pantoffeln, und bei jedem Stich wurde sie fester entschlossen, dieselben nur dem zweiten Staatsanwalt Mollwinkler zum Zeichen ihrer Liebe an die Füße zu stecken.

Rosalie häkelte einen Tabakbeutel, Marie strickte wollene Handschuhe.

Und jede wusste, wem sie die Gabe weihen würde. Alle drei zogen die Mutter ins Vertrauen, und da Frau Saltenberger einen gutmütigen Charakter hatte, sagte sie zu jeder verstohlen: „Kindchen, Kindchen, ich seh' dich noch als Frau Staatsanwalt."

Und jede war glücklich darüber. Erstens überhaupt, und dann, weil die zwei anderen Maulaffen vor Neid bersten würden.

So kam allmählich das heilige Weihnachtsfest heran mit seinem unvergesslichen Zauber für die Familie, jener Tag, an welchem die Junggesellen so ganz besonders Sehnsucht empfinden nach einem schöneren Lose, nach einer liebenden Gattin und

nach Kindern, welche mit ihren Spielzeugen um den Christbaum tanzen.
O welche Gefühle walteten in dem Flause des Oberstaatsanwalts Andreas Saltenberger!
Das war ein Raunen und Flüstern, ein geheimnisvolles Weben, ein Hin und Her, von einem Zimmer in das andere, bis endlich um sieben Uhr Vater, Mutter und die drei Töchter sich im Salon versammelten, festlich geschmückt und sehr erwartungsvoll. Jede der Schwestern erregte durch ihr reizendes Aussehen die Freude der Eltern und das verächtliche Mitleid der beiden anderen. Es läutete. Das Dienstmädchen eilte zur Türe, im Salon hielten fünf Menschen den Atem an. Wer kam? Eine tiefe Stimme, unverständlich, dann schlurfte das Mädchen zurück und übergab dem hastig öffnenden Papa einen Brief. Aufreißen und lesen. Sekretär Schneidler sagt mit bestem Dank ab, da er heimreise. Die drei Schwestern atmeten auf. Auf diesen Menschen hatte keine reflektiert, Es läutete wieder. Das Dienstmädchen überbrachte einen zweiten Brief. Die Absage des Herrn Staatsanwalts Mollwinkler wegen Unwohlseins. Drei Lebenshoffnungen waren vernichtet; der Vater blickte die Mutter an, die Schwestern bissen sich auf die Lippen, und ihr Schmerz wäre unerträglich gewesen, wenn sich nicht ein klein wenig Freude an der Enttäuschung der anderen dareingemengt hätte.
Was tun? Papa Saltenberger raffte sich auf und sag-

te mit erzwungener Höflichkeit: „Wozu auch fremde Menschen? Nun wollen wir das Fest so recht unter uns begehen!"

Da läutete es wieder. Und diesmal kam der königliche Postadjunkt Geiger, welcher noch niemals abgesagt hatte.

Er hatte es nicht zu bereuen. Er war der verhätschelte Liebling der Familie; er bekam ein Paar Pantoffeln, einen Tabakbeutel und wollene Handschuhe, viele Süßigkeiten,

Äpfel und Nüsse. Er trank einen sehr guten Wein und einen famosen Punsch, er aß Rheinsalm, Rehbraten und Pudding und bewunderte die Freigebigkeit der Familie, welche für ihn allein so reichlich auftragen ließ. Er sagte allen Damen Liebenswürdigkeiten und ließ sich von jeder in der gehobenen Stimmung auf die Füße treten.

Und als er ziemlich betrunken den Heimweg antrat, sagte er sich, dass das Familienleben doch sein Gutes, besonders hinsichtlich der leiblichen Genüsse, habe.

Und er verlobte sich am Silvesterabend mit der wohlhabenden Witwe Reisenauer, welche ein gut gehendes Geschäft am Marktplatz hatte.

Ludwig Thoma

Fruchtiger Weihnachtspunsch

TATEN

500 ml Apfelsaft	1 Zimtstange
500 ml Orangensaft	1 Msp. Nelken gemahlen
250 ml Schwarztee	3 EL Zucker
2 Orangen	1 Spritzer Zitrone

BEREITUNG

Den Tee mit kochendem Wasser übergießen und 3–5 min ziehen lassen. Die beiden Orangen und das Stückchen Zitrone auspressen.
Alle Säfte mit dem Tee, den Gewürzen und dem Zucker in einen Topf geben und erhitzen. 10 min köcheln lassen und die Zimtstange dann aus dem Punsch nehmen. Schön heiß servieren.

Ein fröhliches Weihnachtskapitel

Weihnachten stand vor der Tür; ganz nahe war die Zeit der Geselligkeit und Gastlichkeit, des Frohsinns und der Freundschaft. Das alte Jahr rüstete sich, wie ein alter Philosoph seine Freunde um sich zu scharen und unter Gesang, Fröhlichkeit und Becherklang sanft und selig dahinzuscheiden. Es war eine muntere und fröhliche Zeit, und munter und fröhlich waren

mindestens auch vier der zahlreichen Herzen, die die Ankunft der Weihnachtstage erwarteten.
Und in der Tat, zahlreich sind die Herzen, denen die Weihnachtszeit ein kurzes Glück und eine kurze Freude bringt. Wie viele Familien, deren Mitglieder während des ganzen Jahres hierhin und dorthin zerstreut waren, sind dann vereint und finden einander in Wiedersehensfreude und Vertrautheit, die Quelle sind für ungetrübte Freuden und so unvereinbar mit den Kümmernissen der Welt, dass der religiöse Glaube sowohl der zivilisiertesten Nationen als auch der rohesten Wilden sie zu den vornehmsten und den Seligen vorbehaltenen Freuden des künftigen Lebens zählt. Wie viele süße Erinnerungen, wie viele schlummernde Sympathien vermag doch die Weihnachtszeit zu wecken!
Wir schreiben diese Worte viele Meilen von dem Ort entfernt, wo wir Jahr für Jahr einen munteren Freundeskreis trafen. Viele der Herzen, die damals so fröhlich schlugen, haben aufgehört zu schlagen; viele Gesichter, die einst so hell erstrahlten, strahlen nicht mehr; die Hände, die wir uns reichten, sind kalt geworden; die Augen, die wir suchten, haben ihren Glanz verloren, und doch drängen sich durch das Haus, das Zimmer, die fröhlichen Stimmen und die lachenden Gesichter, durch die Scherze und die Ausgelassenheit alljährlich von Neuem all jene Kleinigkeiten und Nebensächlichkeiten in unsere Erinne-

rung, als wäre die letzte Zusammenkunft erst gestern gewesen. Glückliche, glückliche Weihnachtszeit, die uns zu den Träumen unserer Kindheit zurückgeleitet, dem Alten die Freuden seiner Jugend wieder ins Gedächtnis ruft und den Seemann oder den Reisenden über Tausende von Meilen hinweg an seinen Herd und in sein eigenes Heim zurückzuversetzen vermag! Doch wir haben uns so in die Vorzüge des Weihnachtsabends verloren, dass wir in unverantwortlicher Weise Mr Pickwick und seine Freunde draußen in der Kälte auf der Postkutsche nach Muggleton warten lassen, die sie soeben, gut eingewickelt in Mäntel, Schals und wollene Halstücher, bestiegen haben. Mantel- und Reisesäcke sind längst verstaut, und Sam Weller und der Kondukteur bemühen sich gerade, einen riesigen Kabeljau in einem noch riesigeren Korb in den vorderen Kutschkasten hineinzuzwängen. Er war bis zuletzt zurückgehalten worden, um ihn letztlich auf einem halben Dutzend Austertönnchen unterzubringen, die ebenfalls Mr Pickwick gehören. Dieser verfolgt mit nicht geringem Interesse Sams und des Kondukteurs Kraftanstrengungen, denen der verstockte Kabeljau unüberwindlichen Widerstand entgegensetzt, bis er schließlich durch einen gezielten Schlag des Kondukteurs den Boden des Kutschkastens durchstößt, gefolgt von dessen Kopf und Schultern und zum Entzücken der Zuschauerschar vor dem Posthaus. Mr Pickwick lächelt in bester Laune,

holt einen Schilling aus der Westentasche und lädt den sich wieder hocharbeitenden Kondukteur ein, ein Glas Grog auf seine Gesundheit zu trinken. Der lächelt ebenfalls, desgleichen die Herren Tupman, Winkle und Snodgrass. Der Kondukteur und Weller verschwinden für ein paar Minuten – wahrscheinlich um ebendiesen Gesundheitstrunk zu sich zu nehmen, denn bei ihrer Rückkehr riechen sie stark nach Rum –, der Kutscher besteigt seinen Bock, Sam Weller springt hinten auf, die Pickwickier ziehen ihre Mäntel über die Knie und ihre Schals über die Nasen, die Knechte nehmen den Pferden die Decken ab, der Kutscher ruft: „Alles in Ordnung!", und los geht die Fahrt. Sie kamen rasch voran. Um drei Uhr nachmittags hielten sie vor dem Blauen Löwen in Muggleton. Mr Pickwick war damit beschäftigt, die Austertönnchen zu zählen und die Wiederausladung des Kabeljaus zu beaufsichtigen, als ihn jemand an seinen Rockschößen zupfte. Er blickte sich um und erkannte niemand anders als Mr Wardles Lieblingspagen.
„Aha!", sagte Mr Pickwick.
„Aha!", sagte der fette Knabe.
Und kaum hatte er „Aha!" gesagt, sah er auch schon die Austertönnchen und den Kabeljau und lächelte vergnügt. Er war fetter denn je, und seine Wangen glühten wie Pfingstrosen.
„Sie sehen aber äußerst gesund aus, mein lieber junger Freund", bemerkte Mr Pickwick.

„Ich habe gerade am Kaminfeuer im Schankzimmer ein Nickerchen gehalten", erwiderte er, „der Herr hat mich mit dem Karren hergeschickt, damit ich Ihr Gepäck hole. Er hätte auch Pferde geschickt, dachte aber, dass Sie bei dieser Kälte lieber zu Fuß gingen."
„Das stimmt", sagte Mr Pickwick, und ihm fiel ein, wie sie einst bei einer ganz anderen Gelegenheit denselben Weg gegangen waren. „Natürlich, wir gehen lieber zu Fuß, Sam!"
„Sir", antwortete Mr Weller.
„Helfen Sie Mr Wardles Diener das Gepäck auf den Karren laden und kommen Sie mit ihm nach. Wir wollen augenblicklich aufbrechen."
Die Pickwickier schlugen sogleich den ihnen wohlbekannten Fußweg ein und ließen Sam Weller mit dem Diener zurück. Sam blickte ihn voller Erstaunen an, sagte aber kein Wort und begann nacheinander die Gepäckstücke auf den Karren zu laden, wobei der Knabe, ohne einen Finger zu rühren, zuschaute und dabei aussah, als würde es ihn sehr interessieren, dass Sam die ganze Arbeit allein tat.
„So", sagte Sam und warf den letzten Sack auf den Karren. „Jetzt ist alles drin."
„Ja", sagte der fette Knabe. „Jetzt ist alles drin."
„Hör mal, du junger Fettsack", sagte Sam, „du bist wahrlich ein seltenes Prachtexemplar von einem Burschen."
„Danke schön", sagte der Bursche.

„Gibt es denn nichts, was dich ein bisschen auszehren könnte?", fragte Sam.
„Nicht, dass ich wüsste", antwortete der Knabe.
„Ich wäre beinahe auf den Gedanken gekommen, dass es da ein junges Frauenzimmer geben könnte, das nichts von dir wissen will", sagte Sam.
Der Knabe schüttelte den Kopf.
„Das freut mich", sagte Sam. „Und wie steht's mit dem Trinken?"
„Ich esse lieber", entgegnete der Knabe.
„Das hätte ich mir denken können", sagte Sam, „aber was ich gemeint habe, war, ob du vielleicht Lust auf einen kleinen Tropfen hast, der dir dein Herz erwärmt. Obwohl du wahrscheinlich dein Lebtag lang noch nie gefroren hast."
„Doch, doch, manchmal schon", erwiderte der Knabe, „aber einen Tropfen trinke ich ganz gern, wenn er gut ist."
„Wirklich?", fragte Sam. „Na, dann komm mit." Und sie begaben sich in das Schankstübchen, wo der Knabe ein Glas Branntwein auf einen Zug leerte, was ihn in Mr Wellers Achtung gehörig steigen ließ. Als Sam es ihm nachgemacht hatte, bestiegen die beiden den Karren.
„Können Sie fahren?", fragte der Knabe.
„Will ich wohl meinen", erwiderte Sam und bekam von dem Knaben die Zügel in die Hand.
„Da geht's hinauf. Sie können es nicht verfehlen."

Und mit diesen Worten legte er sich neben den Kabeljau und schlief augenblicklich ein.
„Na, so ein Faultier ist mir ja noch nie untergekommen", sagte Sam. „He! Aufwachen, Du Saufkopf!"
Der Saufkopf machte aber keine Anstalten aufzuwachen, und so brachte ihn Sam im Zustand tiefsten Schlafs nach Dingley Dell.
Unterdessen waren die Pickwickier in froher Erwartung munter vorangeschritten. Als sie in den direkt nach Manor Farm führenden Seitenweg einbogen, vernahmen sie ein lautes Hurra, mit dem sie Mr Wardle samt einer großen Gesellschaft begrüßte.
Der alte Herr sah womöglich noch fröhlicher aus als früher. Seine Gesellschaft bestand aus Bella, ihrem getreuen Mr Trundle, Emilie und fast einem Dutzend junger Mädchen, die allesamt zu der am folgenden Tag stattfindenden Hochzeit eingeladen waren und so vergnügt und wichtig aussahen, wie es bei jungen Damen unter solchen bedeutenden Umständen der Fall zu sein pflegte.
Die Pickwickier und die Hochzeitsgäste wurden einander vorgestellt, und schon nach zwei Minuten scherzte Mr Pickwick, als hätte er sie alle schon von Jugend an gekannt, ungezwungen mit den Damen, die so lange nicht über einen Zaun steigen wollten, solange er ihnen dabei zusah – oder die, weil sie sich ihrer zierlichen Füße und hübschen Knöchel bewusst waren, mehrere Minuten lang oben auf dem Zaun

ausharrten und vorgaben, vor lauter Angst keinen Schritt mehr tun zu können.
Auch ist es einer Bemerkung wert, dass Mr Snodgrass Emilie weit mehr Aufmerksamkeit entgegenbrachte, als aufgrund der Zaunhöhe nötig gewesen wäre, während eine andere, schwarzäugige junge Dame mit allerliebsten kleinen Pelzstiefelchen entsetzlich aufschrie, als Mr Winkle ihr seine Hilfe anbot. Das alles war äußerst belustigend und angenehm, und als endlich alle Hindernisse überwunden waren und sich die ganze Gesellschaft wieder auf ebener Erde befand, teilte der alte Mr Wardle Mr Pickwick mit, dass sie alle zusammen die Wohnung in Augenschein genommen hätten, die das junge Paar nach dem Christfest beziehen sollte. Bella und Trundle wurden bei dieser Mitteilung genauso rot wie der Knabe am Kaminfeuer der Schankstube, und die schwarzäugige junge Dame mit den Pelzstiefeln flüsterte Emilie etwas ins Ohr und blickte verschmitzt zu Mr Snodgrass hinüber. Emilie schalt ihre Freundin daraufhin, sie sei ein dummes Ding, errötete aber nichtsdestoweniger ganz gehörig, während Mr Snodgrass, der so beschämt war, wie nur Genies beschämt sein konnten, die Röte in seinem Gesicht aufsteigen fühlte und die schwarzäugige junge Dame im Innersten seines Herzens dorthin wünschte, wo der Pfeffer wächst.
Im Haus wurden die Pickwickier ebenso mit allergrößter Herzlichkeit und Freude begrüßt. Sogar die Haus-

mädchen jauchzten vor Vergnügen, als sie Mr Pickwick sahen, und Emma warf Mr Tupman einen so eindeutig verschämten wie unverschämten Blick der Wiedersehensfreude entgegen, dass nicht viel gefehlt hätte und die Statue Bonapartes hätte ihre verschränkten Arme geöffnet und Emma an ihre Brust gedrückt.
Die alte Dame indes saß wie immer im Kaminwinkel, war aber verdrießlich und infolgedessen ungewöhnlich taub. Sie ging niemals aus und betrachtete es deshalb, so wie manche Damen ihres Schlages, als häuslichen Verrat, wenn sich andere die Freiheit herausnahmen, etwas zu tun, zu dem sie nicht mehr imstande war.
„Mutter", sagte Mr Wardle, „Mr Pickwick ist da. Du erinnerst dich doch noch an ihn?"
„Bemüh nicht Mr Pickwick wegen einer alten Person wie mir", entgegnete sie. „Kein Mensch kümmert sich um mich – was nur zu verständlich ist." Die alte Dame warf bei diesen Worten ihr Haupt naserümpfend in die Höhe und glättete mit zitternder Hand ihr lavendelfarbenes seidenes Kleid.
„Aber Madam", sagte Mr Pickwick, „wie sollte ich zulassen, dass Sie einen alten Freund auf solche Art zurückweisen, wo ich doch extra gekommen bin, um mit Ihnen gemütlich zu plaudern und eine Partie Whist zu spielen. Wir werden es den jungen Leuten schon zeigen, wie man ein Menuett tanzt, bevor sie achtundvierzig Stunden älter geworden sind."

Augenscheinlich besserte sich die Laune der alten Dame, aber sie wollte noch nicht gleich nachgeben und erwiderte daher: „Ah, ich kann ihn nicht verstehen."

„Unsinn, Mutter", sagte Mr Wardle, „sei nicht albern! Denk doch an Bella! Du musst jetzt dafür sorgen, dass das arme Mädchen nicht der Mut verlässt."

Die gute Großmutter verstand alles, denn ihre Lippen zitterten, als ihr Sohn zu ihr sprach. Doch das Alter hat seine kleinen Schwächen und Launen, und sie zierte sich daher noch immer.

Abermals glättete sie ihr lavendelfarbenes Kleid und sagte: „Ach, Mr Pickwick, die jungen Leute waren ganz anders, als ich ein Mädchen war."

„Ohne Zweifel, Madam", erwiderte Mr Pickwick, „das ist auch der Grund, warum ich die wenigen so schätze, die noch vom alten Schlag sind."

Und er reichte, als er so sprach, Bella sehr galant die Hand, küsste sie auf die Stirn und bat sie, auf dem kleinen Stuhl vor ihrer Großmutter Platz zu nehmen. Die alte Dame war gerührt, umarmte ihre Enkelin, und ihre Übellaunigkeit verflüchtigte sich in einem Strom stiller Tränen.

Die Gesellschaft war ausgelassen und fröhlich.

Während Mr Pickwick und die alte Dame gesetzt und feierlich eine Whistpartie nach der anderen spielten, wurde am Nebentisch um so ungezwungener gelärmt und gelacht. Lange, nachdem sich die Damen zurückgezogen hatten, saßen die Herren noch immer bei ihrem mit Gewürzen verfeinerten heißen Wein, und ein fester Schlaf mit angenehmen Träumen war die Folge. Bemerkenswert ist die Tatsache, dass Mr Snodgrass die ganze Nacht von Emilie und Mr Winkle zur selben Zeit von einer gewissen schwarzäugigen und verschmitzt lächelnden jungen Dame mit Pelzstiefelchen träumte.

Am nächsten Morgen wurde Mr Pickwick von einem Lärm geweckt, der selbst den fetten Knaben aus tiefstem Schlummer aufgeweckt hätte. Er richtete sich in seinem Bett auf und horchte. Die jungen Damen und die Hausmädchen eilten beständig hin und her, riefen ununterbrochen nach heißem Wasser und nach Nadeln und Zwirn und baten allenthalben: „0 komm doch und schnür mich!", dass Mr Pickwick in seiner Unschuld glaubte, ein Unglück sei geschehen. Gerade wollte er aus dem Bett steigen und zu Hilfe eilen, da erinnerte er sich, nun endlich wach, der bevorstehenden Hochzeit. Er kleidete sich mit großer Sorgfalt an und ging ins Frühstückszimmer hinunter. Die Hausmädchen liefen in nagelneuen rosaroten Musselinkleidern voller Eifer und Aufregung treppauf, treppab. Die alte Dame hatte ein Brokatkleid angelegt, das schon seit zwanzig Jahren kein Tageslicht mehr gesehen hatte. Mr Trundle war aufs Beste gelaunt, wenngleich ein wenig nervös. Mr Wardle versuchte unbekümmert auszusehen , was ihm aber nicht allzu gut gelang. Und sämtliche junge Damen waren in Tränen und weißem Musselin, ausgenommen jene zwei oder drei Auserlesenen, die insgeheim einen Blick auf Braut und Brautjungfern werfen durften. Alle Pickwickier hatten sich aufs Schönste herausgeputzt, und draußen vor dem Herrenhaus lärmten und lachten und sangen alle Knechte und Buben von Manor Farm und Dingley Dell aus Leibeskräften, jeder mit einer weißen Schleife im Knopfloch und angespornt von Mr Samuel Weller, der sich schon in kürzester Zeit äußerst beliebt gemacht hatte und sich fühlte, als wäre er auf Manor Farm geboren und aufgewachsen.

Eine Hochzeit ist für jedermann immer wieder Anlass, Witze zu reißen – obwohl sie in Wahrheit alles andere als witzig ist. Wohlgemerkt, wir sprechen hier lediglich von der Hochzeitszeremonie und verbitten uns jedweden versteckten Spott über das eheliche Leben. In die Hochzeitsfreude mischt sich der Schmerz, das väterliche Haus zu verlassen, die Tränen der Trennung zwischen Eltern und Kind, das Bewusstsein, die teuersten, treuesten und liebevollsten Menschen zu verlassen und von der schönsten Zeit im Leben Abschied zu nehmen – um mühevollen, minder glücklichen Tagen entgegenzugehen.

Doch wir wollen uns von so trüben Gedanken nicht aufhalten lassen und melden daher pflichtschuldigst, dass die Trauung von dem alten Geistlichen in der Kirche von Dingley Dell vollzogen wurde, dass Mr Pickwick seinen Namen in das Trauregister setzte – was bis heute in der Sakristei zu lesen ist –; dass ferner die schwarzäugige Dame ihren Namen mit sehr unsicherer, zitternder Hand schrieb; dass Emiliens und der zweiten Brautjungfer Namenszüge kaum zu entziffern sind; dass alles einen vortrefflichen Fortgang nahm; dass die jungen Damen am Ende übereinkamen, eine Trauung sei gar nicht so schrecklich, wie sie gedacht haben; und dass, obgleich die Besitzerin der schwarzen Augen Mr Winkle soeben versicherte, niemals im Leben sich einer so peinigenden Handlung zu unterziehen, wir die besten Gründe haben anzunehmen, dass sie gründlich im Irrtum war. Wir können alldem hinzufügen, dass Mr Pickwick die Neuvermählte als Erster beglückwünschte und dass er ihr dabei eine prachtvolle Uhr an einer goldenen Kette um den Hals hängte, die außer dem Juwelier niemand zuvor zu Gesicht bekommen hatte. Frohes Glockengeläut beschloss die Feierlichkeiten, und die Hochzeitsgesellschaft kehrte wieder nach Manor Farm zum Frühstück zurück.

„Wo sollen denn die Weihnachtskuchen hin, junger Opiumfresser?“, fragte Sam den fetten Knaben, während er ihm half, die Gerichte aufzutragen.

Der Knabe wies ihm mit dem Finger die Stelle zu.

„Gut“, sagte Mr Weller. „Tu aber auch ein bisschen Weihnachtsgrün hinein. In die andere Schüssel. So.

Jetzt nehmen wir uns wenigstens hübsch ordentlich und komfortabel aus, sagte der Vater, als er dem Jungen den Kopf abschlug, um ihn vom Schielen zu kurieren."

Sam trat einige Schritte zurück und betrachtete seine Arrangements mit großem Stolz, als die Hochzeitsgesellschaft zurückkehrte. Alle nahmen Platz, und Mr Pickwick musste sogleich mit dem armen Mr Wardle auf das Glück der Neuvermählten anstoßen, was er mit größtem und wahrhaftigstem Genuss erledigte.

Die alte Dame präsidierte in ihrer ganz ehrwürdigen Pracht oben am Tisch zwischen ihrer soeben vermählten Tochter und Mr Pickwick und begann sogleich, ihm den Hergang ihrer eigenen Hochzeit zu erzählen, wobei sie einen Bericht über die unterschiedlichsten Moden ihrer Jugendzeit, das Leben und Abenteuer der schönen seligen Lady Tollimglower und allerlei andere Episoden allerlei anderer, längst verstorbener Bekanntschaften ihres Lebens zum Besten gab. Sie lachte herzlich dabei, und die jungen Mädchen lachten herzlich über ihre gesprächige Großmama. Und weil die jungen Mädchen lachten, lachte auch die Großmama und sagte, diese Geschichten seien ihr immer schon äußerst unterhaltsam vorgekommen, worauf die jungen Mädchen abermals anfingen zu lachen, was die Großmama wiederum in die allerrosigste Laune versetzte. Dann wurden die Kuchen angeschnitten und verteilt, und die jungen Damen

hoben sich kleine Krümelehen davon auf, um sie später unter ihre Kopfkissen zu legen und von ihrem Zukünftigen zu träumen, was nicht wenig Erröten und Heiterkeit nach sich zog.
Mr Pickwick forderte Mr Miller auf, ein Glas mit ihm zu trinken.
„Schließen Sie mich mit ein", sagte der alte Geistliche.
„Mich auch", forderte seine Frau.
„Mich auch! Mich auch!", riefen ein paar arme Verwandte vom unteren Ende der Tafel, die ordentlich gegessen und getrunken hatten und über alles lachen mussten, und Mr Pickwick strahlte übers ganze Gesicht. [...]
Als Sam seine moralische Erzählung, von welcher der fette Knabe äußerst ergriffen schien, beendet hatte, begaben sich alle drei in die geräumige Küche, wo sich unterdessen alle Hausbewohner versammelt hatten, gemäß dem alljährlich wiederkehrenden weihnachtlichen Brauch, an den sich des alten Wardle Vorfahren seit unvordenklichen Zeiten gehalten hatten.
Soeben hatte der alte Herr mit eigenen Händen einen mächtigen Mistelzweig hoch oben an die Decke gehängt, und im Handumdrehen wurde er zum Anlass eines lustigen Hin und Hers und allgemeiner Konfusion. Mr Pickwick nahm mit einer Galanterie, die einem Abkömmling Lady Tollimglowers selbst

zur Ehre gereicht hätte, die alte Dame bei der Hand, führte sie unter den mystischen Zweig und küsste sie – von Kopf bis Fuß ein Gentleman –, und die alte Dame ließ es sich gefallen mit einer dem Anlass entsprechenden Würde und Feierlichkeit. Die jüngere Damenwelt dagegen, die von solcherart Aberglauben weniger hielt oder der Meinung war, der Wert eines Kusses steige um ein Beträchtliches, wenn er sich nicht so leicht rauben ließe, kreischte und sträubte sich und floh in sämtliche Winkel, um den Küssen zu entgehen, jedoch keine von ihnen entfernte sich aus der Küche. Schließlich kamen einige der weniger verwegenen Herren auf die Idee, von der ganzen Sache abzulassen, was zur Folge hatte, dass sämtliche Damen es nunmehr für vergeblich erachteten, Widerstand zu leisten, und sich samt und sonders hingebungsvoll küssen ließen. Mr Winkle küsste die Dame mit den schwarzen Augen, Mr Snodgrass küsste Emilie, und Mr Weller, dem es offensichtlich nicht so wichtig war, ob er nun gerade unter dem Mistelzweig stand oder sonstwo, küsste Emma und alle anderen Hausmädchen, so wie sie ihm in die Hände liefen. Und was die Mitglieder der übrigen Verwandtschaft betrifft: Jeder küsste jeden, sogar die unansehnlichsten unter den Besucherinnen, die allesamt den Kopf verloren hatten und unter den Mistelzweig gerieten, kaum dass er aufgehängt war. Mr Wardle stand mit dem Rücken zum Feuer und genoss die Szenerie,

während der fette Knabe sich die Gelegenheit nicht entgehen ließ, ein ordentliches Stück Weihnachtskuchen, das für jemand anderes reserviert war, in sich hineinzuschlingen.
Der Lärm und das Lachen hatten sich gelegt, die Gesichter glühten, und die Frisuren waren zerzaust, als Mr Pickwick immer noch froh gelaunt unterm Mistelzweig stand. Plötzlich sprang die junge Dame mit den schwarzen Augen auf ihn zu, die eben noch mit ihren Freundinnen geflüstert hatte, schlang ihren Arm um seinen Hals und küsste ihn auf die linke Wange. Und ehe Mr Pickwick noch recht wusste, wie ihm geschah, wurde er von allen umringt und geherzt.
Es war unendlich reizend mitanzusehen, wie Mr Pickwick in die Mitte genommen und bald hierhin, bald dorthin gezerrt, wie er zuerst aufs Kinn, dann auf die Nase, dann wieder auf die Brille geküsst wurde, wie das Gelächter und die Freude nicht aufhören wollten und wie er ein paar Augenblicke später mit verbundenen Augen und ausgestreckten Armen gegen Wände und Ecken taumelte. Voller Freude gab er sich dem Blinde-Kuh-Spiel hin, bis er schließlich einen der armen Verwandten erwischte und sich nun selber in Sicherheit bringen musste – was ihm aber mit großem Geschick und unter Beifallsstürmen aller Anwesenden glänzend gelang. Die armen Verwandten wollten immer nur diejenigen am liebsten fangen, von denen sie glaubten, dass sie sich auch

gern fangen ließen, und als alle am Ende keine Lust mehr am Blinde-Kuh-Spiel hatten, wurde mit dem Löwenmaul-Spiel angefangen. Danach – alle Rosinen waren aufgegessen und nicht wenige Fingerspitzen verbrannt – setzte man sich an das gewaltig lodernde Kaminfeuer zu einem Abendessen nieder, und in einer riesigen Bowle, die kaum kleiner war als ein Waschkessel, brodelten und zischten die heißen Äpfel verlockend, dass keiner unserer Freunde widerstehen konnte.

„Das", rief Mr Pickwick in die Runde, „das nenne ich eine gelungene Weihnachtsstimmung!" „So ist es bei uns jedes Jahr!", erwiderte Mr Wardle.

„Am Weihnachtsabend setzen wir uns alle, so wie wir sind, zusammen, Herrschaft und Dienerschaft, bis die Glocke zwölf schlägt, um den Heiligen Herrn Jesus zu begrüßen, und vertreiben uns mit allen möglichen Spielen und Geschichten die Zeit. Trundle, mein lieber Junge, leg noch einmal nach." Und Tausende von Funken stoben empor, und die hoch auflodernden Flammen warfen ihren Schein bis in die hintersten Winkel des Zimmers und zauberten eine fröhliche Farbe in jedes Gesicht.

Charles Dickens

Dreikönigskuchen (für 8 Personen)

TATEN

100 g Sultaninen
500 g Mehl
3 EL Zucker
1 TL Salz
30 g Hefe, zerbröckelt
2,5–3 dl Milch, lauwarm
75 g Butter, flüssig, abgekühlt
1 Königsfigur oder Münze oder Bohne
Backpapier

Garnitur:
1 Eigelb, mit 1 EL Milch verrührt
2 EL Mandelblättchen
ein wenig Hagelzucker

BEREITUNG

Zubereitung: ca. 30 Minuten
Quellzeit: ca. 1 Stunde
Gehzeit Teig: 3-4 Stunden
Backzeit: ca. 25 Minuten

Die Sultaninen mit heißem Wasser übergießen, 1 Stunde zugedeckt quellen lassen.
Für den Teig Mehl, Zucker, Salz mischen und zu einer Mulde formen. Hefe in wenig Milch auflösen und mit Milch und Butter hineingießen. Zu einem geschmeidigen Teig kneten. Zugedeckt bei Raumtemperatur auf das Doppelte aufgehen lassen.
Sultaninen abgießen und unter den Teig kneten. Teig nochmals zugedeckt aufs Doppelte aufgehen lassen.
Aus einem Viertel Teig eine Kugel formen und auf das mit Backpapier belegte Blech setzen. Restlichen Teig in 8 Teile schneiden, Kugeln formen, dabei den König/

Münze/Bohne in einer Kugel verstecken. Teigkugel mit wenig Abstand rund um die Mitte anordnen. Mit einem feuchten Tuch bedeckt 15 Minuten aufgehen lassen. Kuchen mit Eigelb bestreichen und mit Mandelblättchen und Hagelzucker bestreuen. Diesen im unteren Teil des auf 200 °C vorgeheizten Ofens 25–30 Minuten backen.

Patronatsfest mit drei Regierungschefs

Der liebe Mitbruder hatte mir eine Flasche zyprischen Oinos Chrysostomos versprochen, wenn ich meine Schritte als Prediger zu seiner Pfarrei lenken würde. Es seien auch drei Regierungschefs dabei. Diese drei hochrangigen Diplomaten erwiesen sich beim näheren Hinsehen als die Heiligen Drei Könige. Die Kirche der Pfarrei von den Heiligen Drei Königen ist echt Diasporaformat. Man kann vom Altar aus die Hand ausstrecken, um zu überprüfen, ob im Weihwasserbecken am Eingang noch Wasser ist. Hinter dem Altar hat ein Künstler ein schönes Dreikönigsfenster gestaltet, fröhlich und farbkräftig. Die drei kostbar gekleideten Männer laufen mit großen Schritten dahin. Aber ihre Augen sind weder auf den Weg noch auf die Landkarte noch auf irgendeinen Wegweiser gerichtet. Sie haben die Köpfe weit im Nacken und schauen nach dem Stern aus. Nach unserem Verständnis ist das die beste Methode, um in die nächste Pfütze zu treten, den nächsten Abhang herunterzukullern und vor allem den richtigen Weg zu verfehlen. Offensichtlich sind da die Heiligen Drei Könige anderer Meinung. Sie schauen nicht auf den Weg, sondern auf den Stern. Was mich bei dieser Geschichte verblüfft, ist: Sie kommen tatsächlich an. Landkarten müssen sein in unserem Leben. Klug durchdachte Pläne müssen sein in unserem Leben. Aber Sterne müssen auch sein in unserem Leben. Es wird ja berichtet, der Stern habe diese Weisen aus dem Morgenlande zur Krippe geführt. Wir sind es gewohnt, von Landkarten und Wegweisern an die Ziele unserer Reisen geführt zu werden. Ich jedenfalls habe mich noch nie von einem Stern zum Beispiel nach Brandenburg oder Leipzig führen lassen. Es ist schon eine merkwürdige Sache, alle gewohnten Leitlinien, Leitmotive, Gebrauchsanweisungen, Reiseführer und Fahrpläne in die Ecke zu werfen und dafür einem Stern zu folgen. Wer von uns würde den Mut aufbringen, eine solide Planung aufzugeben und dafür einem Stern nachzugehen? Sterne sind für unser Verständnis kein wesentlicher Faktor zur Erreichung unserer Ziele.

Ich vermute, es hat zu Hause einen mächtigen Krach mit den zuständigen Ministern, dem Parlament und den Beratern gegeben, als die drei Könige beschlossen, etwas so Unreales wie diesen seltsamen Stern zur Grundlage ihrer Reisepolitik zu machen. Was soll dabei herauskommen? Wie kann man Politik machen, wenn man nicht einmal eine Ahnung hat, wer der Verhandlungspartner sein wird? Das Volk hat den drei Königen die Namen Kaspar, Melchior und Balthasar gegeben. Sie sind die Schutzpatrone von Sachsen, was aber wohl kaum noch ein Sachse wissen wird. Nun wissen wir heute wenig mit Königen anzufangen, wie uns ja alles, was Autorität beansprucht, von vornherein anrüchig scheint. Was soll das mit den Königen an der Krippe? Hat sich Jesus gleich zu Beginn mit den Mächtigen, den Großen, den Besitzenden, den oberen Zehntausend verbündet? Offensichtlich hat er das nicht. Denn nicht Jesus ist zu den Königen gegangen, sondern die Könige kamen zu Jesus. Jesus hat nicht in Königspalästen um eine Audienz gebeten, sondern die Könige sind in den Stall von Betlehem gekommen. Jesus hat nicht mit Bestechungsgeldern oder genau berechneten Geschenken die Könige für sich eingenommen, sondern die Könige haben ihre Krone vor dem armseligen und weltpolitisch bedeutungslosen Kind in der Krippe niedergelegt. Jesus hat nicht mit ausgeklügelten Argumenten die Könige überzeugt, sondern die Könige haben Jesus angebetet. Nun muss man hier sagen, dass eine ganze Reihe von Bibelübersetzun-

gen das Wort Könige für die Männer an der Krippe nicht gebrauchen. Sie heißen Magier oder auch Weise. Es müssen schöne Zeiten für die Menschheit gewesen sein, als die Könige der Erde zugleich auch die weisen Männer der Menschheit waren. Autorität ohne Weisheit wird sehr bald zur Gewalt oder, schlimmer noch, zur Brutalität. Wir könnten uns heute an dieser Stelle einiges von den Heiligen Drei Königen abgucken. Autorität, sachlich begründete und sauber fundierte Autorität muss sein, und wenn es der Polier auf der Baustelle ist. Aber Autorität im luftleeren Raum ist nicht möglich. Autorität unter einem guten Stern ist möglich. Autorität unter dem Stern von Betlehem müsste hohe Qualitäten von Sensibilität, Nächstenliebe und Sachverstand haben.
Unsere Regierung fährt öfters einmal diplomatisch ins Ausland. Gewöhnlich hat sie in der Aktentasche ein schönes Millionenkreditchen. Es fragt sich, was die Herren aus dem Morgenland bei sich hatten, als sie in die Interimswohnung des kleinen Jesus kamen. Die Adresse war ihnen ja vom Stern übermittelt worden. Unsere weit gereisten Könige deponierten mehrere Sachen an der Krippe. Genau gesagt brachten sie Gold, Weihrauch und Myrrhe. Das sind recht unpraktische und unnütze Dinge für eine Notsituation im Stall von Betlehem. Was macht eine Mutter mit Weihrauch, wenn sie nur den allernotwendigsten Bestand an Windeln hat? Was macht ein Vater mit einer

symbolischen Gabe von Gold, wenn er keine Banknoten für Brot hat? Was soll die Myrrhe, wo Puder und Creme am allernotwendigsten waren? Die Könige an der Krippe haben nicht an die praktischen Dinge gedacht, sondern eben an Gold, Weihrauch und Myrrhe. Wir sind die schrecklichen Praktiker der totalen Nützlichkeit. Ich weiß von einem Mann, der seiner Frau zu Weihnachten einen blitzblanken Spaten geschenkt hat und sonst nichts. Mich überläuft es da eiskalt. Manchmal ist ein Kuss viel mehr wert als ein nagelneuer Mercedes. Man kann unter einem Stapel nützlichster Geschenke hoffnungslos erfrieren.

Der Mensch ist nicht auf Nützlichkeit und Verwertbarkeit hin angelegt, weil er mehr ist als seine materielle Substanz. Der Mensch hat das Recht auf das Notwendige. Aber in ihm lebt die Sehnsucht nach dem Unnützen und Überflüssigen. Ein Kuss ist nicht verwertbar und nicht wertesteigernd für das Bruttosozialprodukt. Aber ein Kuss ist es, der Leben erhält, wo Psychotherapie versagt. Leider sind wir auf diese Sicht der Dinge nicht mehr ausgerichtet. Man lernt heute sehr schnell, was die Dinge kosten. Wer bringt uns aber bei, was die Dinge wert sind? Manchmal ahnt man noch von Ferne etwas von der Wichtigkeit dieses Unterschieds. Es ist nicht schwer, die Materialkosten eines Gemäldes von Michelangelo zu berechnen. Aber das ist doch eine völlig nebensachliche Angelegenheit. Die wesentliche Frage ist die nach dem Wert dieses Gemäldes. Da wird die Antwort sehr schwer. Wir müssen der Welt sehr viel Nützliches geben, weil sie es nötig hat. Wir müssen der Welt sehr viel Wertvolles schenken, weil sie davon lebt.

Wie kommt es, dass die drei Regierungschefs ihre Amtsgeschäfte liegen ließen? Irgendwann muss ihnen aufgegangen sein, dass sie loszugehen hätten. Wenn sie diesen Augenblick nicht erkannt und genutzt hätten, wären Kaspar, Melchior und Balthasar nicht zu Jesus gekommen. Wir würden sie an keiner Krippe sehen. Die Sternsinger würden nicht durch unsere Straßen gehen, um Gaben für die Kinder der Dritten Welt zu heischen. Das ist so eine Art von Kettenreaktion. Weil einige Leute konsequent waren, geht deren Spur durch zwei Jahrtausende der Weltgeschichte. Man kann die Sache auch umdrehen: Wenn einige Leute nicht konsequent sind, finden wichtige, entscheidende Dinge in der Weltgeschichte nicht statt. Es kann für die Nachwelt eine Menge an vertanen Chancen bedeuten, wenn ich heute Wichtiges vertriefe und verschlafe. Ob und wie wach ich am Tage bin, entscheidet sich nach einer fröhlichen alten Volksweisheit daran, mit welchem Bein ich zuerst aufstehe. Tue ich es mit dem rechten Bein, dann kann der Tag gut angegangen werden. Stehe ich mit dem linken Bein zuerst auf, geht alles schief.

Die Heiligen Drei Könige müssen am entscheidenden Tage mit dem richtigen Bein aufgestanden sein. Darum verschoben sie nichts auf den morgigen Tag, sondern handelten heute. Sie taten an diesem heutigen Tag, was getan werden musste. Uns ist immer nur der heutige Tag gegeben. Gestern ist schon vorbei. Morgen ist noch nicht da und noch nicht dran. Der wichtigste Augenblick ist der jetzige. Ob ich diesen jetzigen Augenblick erkenne und gestalte, hängt davon ab, wie ich mich vom Schlafen ins Wachsein gebracht habe. Was dann zu tun ist, werde ich schon merken. Es muss nichts Gewaltiges und Außerordentliches sein. Als die Heiligen Drei Könige aufgestanden waren, befanden sie sich noch lange nicht bei Jesus an der Krippe. Sie hatten erst einmal etwas zu tun, was scheinbar nichts mit dem Sohn Gottes in der Krippe zu schaffen hatte: Kaspar, Melchior und Balthasar sattelten ihre Kamele.

Als ich an die Arbeit ging, um die Predigt für das Patronatsfest der Dreikönigspfarrei in Kopf, Herz und Gemüt vorzubereiten, fiel mir etwas auf. Die ganze Reise- und Besuchsgeschichte der drei wichtigen Herrschaften umfasst zwölf Zeilen. Das ist nicht mehr als eine normale Verkehrsunfallmeldung in unserem Oder-Neiße-Lokalblättchen. Jede Autofirma, die etwas auf sich hält, benötigt gegen diese Minimeldung komplette Zeitungsseiten für ihre Nobelkarossenreklame. Die Heilige Schrift machts knapp. Doch in der Kürze liegt die Würze. Der Text von den Heiligen Drei

Königen ist einfach nicht auszuloten. Man hat über die knappen zwölf Schriftverse dutzende von Büchern geschrieben. In meinem Bibelkommentar sind alleine fünf Bücher aufgeführt, die sich nur mit dem Stern befassen, der die drei Männer geleitet hat. Immer kommt Neues ins Blickfeld. Immer entdeckt man Überraschendes. Mir fällt auf, dass die drei Könige eine sehr präzise Art haben, Fragen zu stellen. Die entscheidende Frage lautet: „Wo ist der neugeborene König der Juden?" Hier wird nicht herumgedruckst. Die Männer kommen gleich zur Sache. Sie hätten ja auch vorsichtig anfragen können: „Es soll hier möglicherweise nach unbestätigten Gerüchten ein Kind namens Jesus geboren worden sein, der irgendwann einmal die Regierungsgeschäfte von Israel übernehmen wird. Können wir den, bitte sehr, einmal zu Gesicht bekommen?" Nein, so diplomatisch fragen die drei Fremden nicht. Sie taktieren nicht und sie tricksen mit ihren Fragen nicht. Die Frage wird direkt gestellt. Der Erfolg ist niederschmetternd: Herodes setzt seinen Sicherheitsdienst in Marsch. Die Sache wird für die drei Könige und für Jesus kompliziert und lebensbedrohlich. Wir Heutigen sind es gewohnt, nie mit offenem Visier zu kämpfen. Im Sozialismus und auch jetzt spielte und spielt Tarnung eine große Rolle. Nur nicht klar sagen, was man will und zu wem man gehört. Ich weiß nicht, ob wir mit dieser Art von Verschleierungstaktik die Krippe finden. Man muss um der Glaubwürdigkeit des eigenen Lebens willen an den wichtigen Stellen des Lebens aus der Deckung und der diplomatischen Verschleierung heraus. Die drei Könige hatten den Mut dazu.

Noch etwas ist mir aufgefallen. Der Zug hatte nämlich Verspätung. Normalerweise sind bei Verspätung die Anschlüsse weg. Das bringt alles durcheinander. Wie war das also mit dem Zug der drei Weisen nach Betlehem. Ging alles fahrplanmäßig?

Weihnachten ist am 25. Dezember. Das Fest der Heiligen Drei Könige feiern wir am 6. Januar. Aus dem Vergleich beider Daten lässt sich entnehmen, dass unsere drei Könige aus dem Morgenland spät kamen. Sie waren nicht zum Termin da. Weihnachten fand ohne sie statt. Der Ochse war pünktlich zur Stelle. Der Esel stand termingerecht bei der Krippe. Die Hirten trafen zur richtigen Zeit ein. Nur die Könige waren nicht da. Man sagt doch: Pünktlichkeit ist die Höflichkeit der Könige. Von Gorbatschow stammt das Wort: Wer zu spät kommt, den bestraft das Leben. Gott war in Betlehem pünktlich. Er war zur Stelle, als die entscheidende Stunde der Weltgeschichte angebrochen war. Gott verspätet sich nicht. Aber wir Menschen haben die schlechte Angewohnheit, nicht da zu sein, wenn es an der Zeit wäre. Es stört schon sehr, wenn bei einem Konzert sich jemand nach den ersten zwölf leisen Eröffnungstakten durch die voll besetzten Reihen zu seinem Platz drängelt und schiebt.

Zuspätkommen ist keine Tugend. Mancher Zuspätkommer merkt dann auch einmal, dass der Zug endgültig abgefahren ist. Nun hat unsere Dreikönigsgeschichte einen Trost. Die Magier aus dem Orient kamen zwar spät. Aber sie kamen nicht zu spät. Manches in meinem Leben ist mir erst sehr spät aufgegangen, aber ich hoffe, dass ich es nicht zu spät gemerkt habe. Man kann sich sehr selbstbewusst auf den Weg zur Krippe machen. Sehr spät kommt die Erkenntnis, dass ich mich in der Entfernung, in den Schwierigkeiten und in meiner Kraft verschätzt habe. Vielleicht ist es den Heiligen Drei Königen ähnlich gegangen. Aber es war noch nicht zu spät. Der Zug war noch nicht abgefahren. Sie kamen nach Betlehem, und der geduldige Gott hatte gewartet. Jesus Christus lässt sich auch nach Weihnachten finden. Ich wünsche uns verspätungsbegabten Typen, dass der wartende Gott uns anlächelt, wenn wir außer Atem doch noch ankommen.

Klaus Weyers

Quellenverzeichnis

Peter Härtling, Das missratene Fest, aus: Ders., Gesammelte Werke, Band 7. Autobiographische Romane. Hrsg. von Klaus Siblewski © 1977/1997, Verlag Kiepenheuer & Witsch GmbH & Co. KG, Köln.

Dieter Hildebrandt, Der Mohn ist ausgegangen – wie man 1945 Mohnkließla machte, aus: Rolf Cyriax (Hrsg.), Essen und Trinken mit Kabarettisten.

Hanns Dieter Hüsch, Ich bin zufrieden. „Weihnachtsplätzchen“, aus: Ders., Frohes Fest. Geschichten zwischen Himmel, Café Pilatus und Niederrhein, 2020/5 © 2008, tvd-Verlag Düsseldorf.

Ulrike Piechota, Weihnachten ist eine schöne Zeit, aus: Dies., Springen Sie ruhig, Herr Bischof. Liebevolle Bosheiten aus dem Gemeindeleben, 4. Auflage, 1992, Gütersloher Verlagshaus in der Random House Verlagsgruppe, München © Alle Rechte bei der Autorin.

Werner Schneyder, Tipps für das Weihnachtsmenü, aus: Ders., Zeitspiel © Alle Rechte beim Autor.

Klaus Weyers, Dresdner Christstolle/Patronatsfest mit drei Regierungschefs © Klaus Weyers Nachlass.

Wir danken allen Rechteinhabern für die freundliche Abdruckerlaubnis. Der Verlag hat sich bemüht, alle Rechteinhaber in Erfahrung zu bringen. Für zusätzliche Hinweise sind wir dankbar.